Ernesto Che Guevara

Pasajes de la lucha revolucionaria

Barcelona 2024
Linkgua-ediciones.com

Créditos

Título original: Pasajes de la lucha revolucionaria.

© 2024, Red ediciones S. L.

e-mail: info@red-ediciones. com

Diseño de cubierta: Mario Eskenazi

ISBN rústica: 978-84-9953-868-6.
ISBN tapa dura: 978-84-1076-041-7.
ISBN ebook: 978-84-9953-916-4.

Sumario

Prólogo

Desde hace tiempo, estábamos pensando en cómo hacer una historia de nuestra Revolución que englobara todos sus múltiples aspectos y facetas; muchas veces los jefes de la misma manifestaron —privada o públicamente— sus deseos de hacer esta historia, pero los trabajos son múltiples, van pasando los años y el recuerdo de la lucha insurreccional se va disolviendo en el pasado sin que se fijen claramente los hechos que ya pertenecen, incluso, a la historia de América. Por ello, iniciamos una serie de recuerdos personales de los ataques, combates, escaramuzas y batallas en que intervinimos. No es nuestro propósito hacer solamente esta historia fragmentaria a través de remembranzas y algunas anotaciones; todo lo contrario, aspiramos a que se desarrolle el tema por cada uno de los que lo han vivido.

Nuestra limitación personal, al luchar en algún punto exacto y delimitado del mapa de Cuba durante toda la contienda, nos impidió participar en combates y acontecimientos de otros lugares; creemos que, para hacer asequible a todos los participantes en la gesta revolucionaria la tarea de narrarla y, al mismo tiempo, hacerlo ordenadamente, podemos empezar con el primer combate, o sea, el único en que participara Fidel que fuera adverso a nuestras armas: la sorpresa de Alegría de Pío.

Muchos sobrevivientes quedan de esta acción y cada uno de ellos está invitado a dejar también constancia de sus recuerdos para incorporarlos y completar mejor la historia. Solo pedimos que sea estrictamente veraz el narrador; que nunca para aclarar una posición personal o magnificarla o para simular haber estado en algún lugar, diga algo incorrecto. Pedimos que, después de escribir algunas cuartillas en la forma en que cada uno lo pueda, según su educación y su disposición, se haga una autocrítica lo más seria posible para quitar de allí toda palabra que no se refiera a un hecho estrictamente cierto, o en cuya certeza no tenga el autor una plena confianza. Por otra parte, con ese ánimo empezamos nuestros recuerdos.

Una revolución que comienza

La historia de la agresión militar que se consumó el 10 de marzo de 1952 —golpe incruento dirigido por Fulgencio Batista— no empieza, naturalmente, el mismo día del cuartelazo. Sus antecedentes habría que buscarlos muy atrás en la historia de Cuba: mucho más atrás que la intervención del embajador norteamericano Summer Welles, en el año 1933; más atrás aún que la Enmienda Platt, del año 1901; más atrás que el desembarco del héroe Narciso López, enviado directo de los anexionistas norteamericanos, hasta llegar a la raíz del tema en los tiempos de John Quincy Adams, quien a principios del siglo XVIII enunció la constante de la política de su país respecto a Cuba: una manzana que, desgajada de España, debía caer fatalmente en manos del Uncle Sam. Son eslabones de una larga cadena de agresiones continentales que no se ejercen solamente sobre Cuba.

Esta marea, este fluir y refluir del oleaje imperial, se marca por las caídas de gobiernos democráticos o por el surgimiento de nuevos gobiernos ante el empuje incontenible de las multitudes. La historia tiene características parecidas en toda América Latina: los gobiernos dictatoriales representan una pequeña minoría y suben por un golpe de estado; los gobiernos democráticos de amplia base popular ascienden laboriosamente y, muchas veces, antes de asumir el poder, ya están estigmatizados por la serie de concesiones previas que han debido hacer para mantenerse. Y, aunque la Revolución cubana marca, en ese sentido, una excepción en toda América, era preciso señalar los antecedentes de todo este proceso, pues el que esto escribe, llevado y traído por las olas de los movimientos sociales que convulsionan a

América, tuvo oportunidad de conocer, debido a estas causas, a otro exilado americano: a Fidel Castro.

Lo conocí en una de esas frías noches de México, y recuerdo que nuestra primera discusión versó sobre política internacional. A las pocas horas de la misma noche —en la madrugada— era yo uno de los futuros expedicionarios. Pero me interesa aclarar cómo y por qué conocí en México al actual Jefe del Gobierno en Cuba. Fue en el reflujo de los gobiernos democráticos en 1954, cuando la última democracia revolucionaria americana que se mantenía en pie en esta área —la de Jacobo Arbenz Guzmán— sucumbía ante la agresión meditada, fría, llevada a cabo por los Estados Unidos de Norteamérica tras la cortina de humo de su propaganda continental. Su cabeza visible era el Secretario de Estado, Foster Dulles, que por rara coincidencia también era abogado y accionista de United Fruit Company, la principal empresa imperialista existente en Guatemala.

De allí regresaba uno en derrota, unido por el dolor a todos los guatemaltecos, esperando, buscando la forma de rehacer un porvenir para aquella patria angustiada. Y Fidel venía a México a buscar un terreno neutral donde preparar a sus hombres para el gran impulso. Ya se había producido una escisión interna, luego del asalto al cuartel Moncada, en Santiago de Cuba, separándose todos los de ánimo flojo, todos los que por uno u otro motivo se incorporaron a partidos políticos o grupos revolucionarios, que exigían menos sacrificio. Ya las nuevas promociones ingresaban en las flamantes filas del llamado «Movimiento 26 de Julio», fecha que marcaba el ataque al cuartel Moncada, en 1953. Empezaba una tarea durísima para los encargados de adiestrar a esa gente, en medio de la clandestinidad imprescindible en México, luchando contra el gobierno mexicano, contra los agentes del FBI norteamericano y los de Batista, contra estas tres combinaciones que se conjugaban de una u otra manera, y donde mucho intervenía el dinero y la venta personal. Además, había que luchar contra los espías de Trujillo, contra la mala selección hecha del material humano —sobre todo en Miami— y, después de vencer todas estas dificultades, debíamos lograr algo importantísimo: salir... y, luego... llegar, y lo demás que, en ese momento, nos parecía difícil. Hoy aquilatamos lo que aquello costó en esfuerzos, en sacrificios y vidas.

Fidel Castro, auxiliado por un pequeño equipo de íntimos, se dio con toda su vocación y su extraordinario espíritu de trabajo a la tarea de organizar las huestes armadas que saldrían hacia Cuba. Casi nunca dio clases de táctica militar, porque el tiempo le resultaba corto para ello. Los demás pudimos aprender bastante con el general Alberto Bayo. Mi impresión casi instantánea, al escuchar las primeras clases, fue la posibilidad de triunfo que veía muy dudosa al enrolarme con el comandante rebelde, al cual me ligaba, desde el principio, un lazo de romántica simpatía aventurera y la consideración de que valía la pena morir en una playa extranjera por un ideal tan puro.

Así fueron pasando varios meses. Nuestra puntería empezó a perfilarse y salieron los maestros tiradores. Hallamos un rancho en México, donde bajo la dirección del general Bayo —estando yo como jefe de personal— se hizo el último apronte, para salir en marzo de 1956. Sin embargo, en esos días dos cuerpos policíacos mexicanos, ambos pagados por Batista, estaban a la caza de Fidel Castro, y uno de ellos tuvo la buenaventura económica de detenerle, cometiendo el absurdo error —también económico— de no matarlo, después de hacerlo prisionero. Muchos de sus seguidores cayeron en pocos días más; también cayó en poder de la policía nuestro rancho, situado en las afueras del a ciudad de México y fuimos todos ala cárcel.

Aquello demoró el inicio de la última parte de la primera etapa. Hubo quienes estuvieron en prisión cincuenta y siete días, contados uno a uno, con la amenaza perenne de la extradición sobre nuestras cabezas (somos testigos el comandante Calixto García y yo). Pero, en ningún momento perdimos nuestra confianza personal en Fidel Castro. Y es que Fidel tuvo algunos gestos que, casi podríamos decir, comprometían su actitud revolucionaria en pro de la amistad. Recuerdo que le expuse específicamente mi caso: un extranjero, ilegal en México, con toda una serie de cargos encima. Le dije que no debía de manera alguna pararse por mí la revolución, y que podía dejarme; que yo comprendía la situación y que trataría de ir a pelear desde donde me lo mandaran y que el único esfuerzo debía hacerse para que me enviaran a un país cercano y no a la Argentina. También recuerdo la respuesta tajante de Fidel: «Yo no te abandono». Y así fue, porque hubo que distraer tiempo y dinero preciosos para sacarnos de la cárcel mexicana. Esas actitudes personales de Fidel con la gente que aprecia son la clave del fanatismo que crea a su alrededor, donde se suma a una adhesión de principios, una personal, que hace de este Ejército Rebelde un bloque indivisible.

Pasaron los días, trabajando en la clandestinidad, escondiéndonos donde podíamos, rehuyendo en lo posible toda presencia pública, casi sin salir a la calle. Pasados unos meses, nos enteramos de que había un traidor en nuestras filas, cuyo nombre no conocíamos, y que había vendido un cargamento de armas. Sabíamos también que había vendido el yate y un transmisor, aunque todavía no estaba hecho el «contrato legal» de la venta. Esta primera entrega sirvió para demostrar a las autoridades cubanas que, efectivamente, el traidor conocía nuestras interioridades. Fue también lo que nos salvó, al demostrarnos lo mismo. Una actividad febril hubo de ser desarrollada a partir de ese momento: el Granma fue acondicionado a una velocidad extraordinaria; se amontonaron cuantas vituallas conseguimos, bien pocas por cierto, y uniformes, rifles, equipos, dos fusiles antitanques casi sin balas. En fin, el 25 de noviembre de 1956, a las dos de la madrugada, empezaban a hacerse realidad las frases de Fidel, que habían servido de mofa a la prensa oficialista: «En el año 1956 seremos libres o seremos mártires».

Salimos, con las luces apagadas, del puerto de Tuxpan en medio de un hacinamiento infernal de materiales de toda clase y de hombres. Teníamos muy mal tiempo y, aunque la navegación estaba prohibida, el estuario del río se mantenía tranquilo. Cruzamos la boca del puerto yucateco, y a poco más, se encendieron las luces. Empezamos la búsqueda frenética de los antihistamínicos contra el mareo, que no aparecían; se cantaron los himnos nacional cubano y del 26 de Julio, quizá durante cinco minutos en total, y después el barco entero presentaba un aspecto ridículamente trágico: hombres con la angustia reflejada en el rostro, agarrándose el estómago. Unos con la cabeza metida dentro de un cubo y otros tumbados en las más extrañas posiciones, inmóviles y con las ropas sucias por el vómito. Salvo dos o tres marinos y cuatro o cinco personas más, el resto de los ochenta y tres tripulantes se marearon. Pero al cuarto o quinto día el panorama general se alivió un poco. Descubrimos que la vía de agua que tenía el barco no era tal, sino una llave de los servicios sanitarios abierta. Ya habíamos botado todo lo innecesario, para aligerar el lastre.

La ruta elegida comprendía una vuelta grande por el sur de Cuba, bordeando Jamaica, las islas del Gran Caimán, hasta el desembarco en algún lugar cercano al pueblo de Niquero, en la provincia de Oriente. Los planes se cumplían con bastante lentitud: el día 30 oímos por radio la noticia de los motines de Santiago de Cuba que había provocado nuestro gran Frank País, considerando sincronizarlos con el arribo de la expedición. Al día siguiente, primero de diciembre, en la noche, poníamos la proa en línea recta hacia Cuba, buscando desesperadamente el faro de Cabo Cruz, carentes de agua, petróleo y comida. A las dos de la madrugada, con una noche negra, de temporal, la situación era inquietante. Iban y venían los vigías buscando la estela de luz que no aparecía en el horizonte. Roque, ex teniente de la marina de guerra, subió una vez más al pequeño puente superior, para atisbarla luz del Cabo, y perdió pie, cayendo al agua. Al rato de reiniciada la marcha, ya veíamos la luz, pero, el asmático caminar de nuestra lancha hizo interminables las últimas horas del viaje. Ya de día arribamos a Cuba por el lugar conocido por Belic, en la playa de Las Coloradas.

Un barco de cabotaje nos vio, comunicando telegráficamente el hallazgo al ejército de Batista. Apenas bajamos, con toda premura y llevando lo imprescindible, nos introducimos en la ciénaga, cuando fuimos atacados por la aviación enemiga. Naturalmente, caminando por los pantanos cubiertos de manglares no éramos vistos ni hostilizados por la aviación, pero ya el ejército de la dictadura andaba sobre nuestros pasos.

Tardamos varias horas en salir de la ciénaga, a donde la impericia e irresponsabilidad de un compañero que se dijo conocedor nos arrojara. Quedamos en tierra firme, a la deriva, dando traspiés, constituyendo un ejército de sombras, de fantasmas, que caminaban como siguiendo el impulso de algún oscuro mecanismo psíquico. Habían sido siete días de hambre y de mareo continuos durante la travesía, sumados a tres días más, terribles, en tierra. A los diez días exactos de la salida de México, el 5 de diciembre de madrugada, después de una marcha nocturna interrumpida por los desmayos y las fatigas y los descansos de la tropa, alcanzamos un punto conocido paradójicamente por el nombre de Alegría de Pío. Era un pequeño cayo de monte, ladeando un cañaveral por un costado y por otros abierto a unas abras, iniciándose más lejos el bosque cerrado. El lugar era mal elegido para campamento pero hicimos un alto para pasar el día y reiniciar la marcha en la noche inmediata.

Alegría de Pío

Alegría de Pío es un lugar de la provincia de Oriente, municipio de Niquero, cerca de Cabo Cruz, donde fuimos sorprendidos el día 5 de diciembre de 1956 por las tropas de la dictadura.

Veníamos extenuados después de una caminata no tan larga como penosa. Habíamos desembarcado el 2 de diciembre en el lugar conocido por playa de Las Coloradas, perdiendo casi todo nuestro equipo y caminando durante interminables horas por ciénagas de agua de mar, con botas nuevas; esto había provocado ulceraciones en los pies de casi toda la tropa. Pero no era nuestro único enemigo el calzado o las afecciones fúngicas. Habíamos llegado a Cuba después de siete días de marcha a través del Golfo de México y el Mar Caribe, sin alimentos, con el barco en malas condiciones, casi todo el mundo mareado por falta de costumbre de navegación, después de salir el 25 de noviembre del puerto de Tuxpan, un día de norte, en que la navegación estaba prohibida. Todo esto había dejado sus huellas en la tropa integrada por bisoños que nunca habían entrado en combate.

Ya no quedaba de nuestros equipos de guerra nada más que el fusil, la canana y algunas balas mojadas. Nuestro arsenal médico había desaparecido, nuestras mochilas se habían quedado en los pantanos, en su gran mayoría. Caminamos de noche, el día anterior, por las guardarrayas de las cañas del Central Niquero, que pertenecía a Julio Lobo en aquella época. Debido a nuestra inexperiencia, saciábamos nuestra hambre y nuestra sed comiendo cañas a la orilla del camino y dejando allí el bagazo; pero además de eso, no necesitaron los guardias el auxilio de pesquisas indirectas, pues nuestro guía, según nos enteramos años después, fue el autor principal de la traición, llevándolos hasta nosotros. Al guía se le había dejado en libertad la noche anterior, cometiendo un error que repetiríamos algunas veces durante la lucha, hasta aprender que los elementos de la población civil cuyos antecedentes se desconocen deben ser vigilados siempre que se esté en zonas de peligro. Nunca debimos permitirle irse a nuestro falso guía.

En la madrugada del día 5, eran pocos los que podían dar un paso más; la gente desmayada, caminaba pequeñas distancias para pedir descansos prolongados. Debido a ello, se ordenó un alto a la orilla de un cañaveral, en un bosquecito ralo, relativamente cercano al monte firme. La mayoría de nosotros durmió aquella mañana.

Señales desacostumbradas empezaron a ocurrir a mediodía, cuando los aviones Biber y otros tipos de avionetas del ejército y de particulares empezaron a rondar por las cercanías. Algunos de nuestro grupo, tranquilamente, cortaban cañas mientras pasaban los avienes sin pensar en lo visibles que eran dadas la baja altura y poca velocidad a que volaban los aparatos enemigos. Mi tarea en aquella época, como médico de la tropa, era curar las llagas de los pies heridos. Creo recordar mi última cura en aquel día. Se llamaba aquel compañero Humberto Lamotte y ésa era su última jornada. Está en mi memoria la figura cansada y angustiada llevando en la mano los zapatos que no podía ponerse mientras se dirigía del botiquín de campaña hasta su puesto.

El compañero Montané y yo estábamos recostados contra un tronco, hablando de nuestros respectivos hijos; comíamos la magra ración —medio chorizo y dos galletas— cuando sonó un disparo; una diferencia de segundos solamente y un huracán de balas—o al menos eso pareció a nuestro angustiado espíritu durante aquella prueba de fuego— se cernía sobre el grupo de 82 hombres. Mi fusil no era de los mejores, deliberadamente lo había pedido así porque mis condiciones físicas eran deplorables después de un largo ataque de asma soportado durante toda la travesía marítima y no quería que fuera a perder una arma buena en mis manos. No sé en qué momento ni cómo sucedieron las cosas; los recuerdos ya son borrosos. Me acuerdo que, en medio del tiroteo, Almeida —en ese entonces capitán— vino a mi lado para preguntar las órdenes que había pero ya no había nadie allí para darlas. Según me enteré después, Fidel trató en vano de agrupar a la gente en el cañaveral cercano, al que había que llegar cruzando la guardarraya solamente. La sorpresa había sido demasiado grande, las balas demasiado nutridas. Almeida volvió a hacerse cargo de su grupo, en ese momento un compañero dejó una caja de balas casi a mis pies, se lo indiqué y el hombre me contestó con cara que recuerdo perfectamente, por la angustia que reflejaba, algo así como «no es hora para cajas de balas», e inmediatamente siguió el camino del cañaveral(después murió asesinado por uno de los esbirros de Batista). Quizá ésa fue la primera vez que tuve planteado prácticamente ante mí el dilema de mi dedicación a la medicina o a mi deber de soldado revolucionario. Tenía delante una mochila de medicamentos y una caja de balas, las dos eran mucho peso para transportarlas juntas; tomé la caja de balas, dejando la mochila para cruzar el claro que me separaba de las cañas. Recuerdo perfectamente a Faustino Pérez, de rodillas en la guardarraya, disparando su pistola ametralladora. Cerca de mí un compañero llamado Arbentosa, caminaba hacia el cañaveral. Una ráfaga que no se distinguió de las demás, nos alcanzó a los dos. Sentí un fuerte golpe en el pecho y una herida en el cuello; me di a mí mismo por muerto. Arbentosa, vomitando sangre por la nariz, la boca y la enorme herida de la bala cuarenta y cinco, gritó algo así como «me mataron» y empezó a disparar alocadamente pues no se veía a nadie en aquel momento. Le dije a Faustino, desde el suelo, «me fastidiaron» (pero más fuerte la palabra), Faustino me echó una mirada en medio de su tarea y me dijo que no era nada, pero en sus ojos se leía la condena que significaba mi herida.

Quedé tendido, disparé un tiro hacia el monte siguiendo el mismo oscuro impulso del herido. Inmediatamente, me puse a pensar en la mejor manera de morir en ese minuto en que parecía todo perdido. Recordé un viejo cuento de Jack London, donde el protagonista, apoyado en un tronco de árbol, se dispone a acabar con dignidad su vida, al saberse condenado a muerte por congelación, en las zonas heladas de Alaska. Es la única imagen que recuerdo. Alguien, de rodillas, gritaba que había que rendirse y se oyó atrás una voz, que después supe pertenecía a Camilo Cienfuegos, gritando: «Aquí no se rinde nadie...» y una palabrota después. Ponce se acercó agitado, con la respiración anhelante, mostrando un balazo que aparentemente le atravesaba el pulmón. Me dijo que estaba herido y le manifesté, con toda indiferencia, que yo también. Siguió Ponce arrastrándose hacia el cañaveral, así como otros compañeros ilesos. Por un momento quedé solo, tendido allí esperando la muerte. Almeida llegó hasta mí y me dio ánimos para seguir; a pesar de los dolores, lo hice y entramos en el cañaveral. Allí vi al gran compañero Raúl Suárez, con su dedo pulgar destrozado por una bala y Faustino Pérez vendándoselo junto a un tronco; después todo se confundía en medio de las avionetas que pasaban bajo, tirando algunos disparos de ametralladora, sembrando más confusión en medio de escenas a veces dantescas y a veces grotescas, como la de un corpulento combatiente que quería esconderse tras de una cañas, y otro que pedía silencio en medio de la batahola tremenda de los tiros, sin saberse bien para qué.

Se formó un grupo que dirigía Almeida y en el que estábamos además el hoy comandante Ramiro Valdés, en aquella época teniente, y los compañeros Chao y Benítez; con Almeida a la cabeza, cruzarnos la última guardarraya del cañaveral para alcanzar un monte salvador. En ese momento se oían los primeros gritos: «fuego», en el cañaveral se levantaban columnas de humo y fuego; aunque esto no lo puedo asegurar, porque pensaba más en la amargura de la derrota y en la inminencia de mi muerte, que en los acontecimientos de la lucha. Caminamos hasta que la noche nos impidió avanzar y resolvimos dormir todos juntos, amontonados, atacados por los mosquitos, atenazados por la sed y el hambre. Así fue nuestro bautismo de fuego, el día 5 de diciembre de 1956, en las cercanías de Niquero. Así se inició la forja de lo que sería el Ejército Rebelde.

A la deriva

Al día siguiente de la sorpresa de Alegría de Pío, caminábamos en medio de montes en que se alternaba la tierra roja con el «diente de perro», oyendo descargas aisladas en todas direcciones y sin atinar ningún rumbo específico. Chao, que era veterano de la guerra española, opinó que esa forma de caminar nos conduciría inevitablemente a caer en alguna emboscada enemiga y propuse buscar algún lugar adecuado para esperar la noche y caminar entonces.

Estábamos prácticamente sin agua, con la única lata de leche que teníamos había ocurrido el percance de que Benítez, encargado de su custodia, la había cargado en el bolsillo de su uniforme al revés, vale decir, con los huequitos hechos para absorberla hacia abajo, de tal manera que, al ir a tomar nuestra ración —consistente en un tubo vacío de vitaminas que llenábamos con leche condensada y un trago de agua— vimos con dolor que toda estaba en el bolsillo y en el uniforme de Benítez.

Logramos establecernos en una especie de cueva que ofrecía visión amplia a un lado, pero, tenía el defecto que no se podía prever el avance enemigo por el otro. Sin embargo, nosotros pensábamos más en que no nos vieran que en defendernos y resolvimos mantenernos allí durante el día, aunque con el compromiso expresamente tomado por los cinco de luchar hasta la muerte. Quienes hiciéramos ese pacto nos llamamos: Ramiro Valdés, Juan Almeida, Chao, Benítez y el que esto relata. Todos sobrevivimos la terrible experiencia de la derrota y la lucha posterior.

Por la noche salimos a caminar. Establecí cuál era la Estrella Polar, según mis conocimientos en la materia, y durante un par de días fuimos caminando guiándonos por ella hacia el Este y llegar a la Sierra Maestra. (Mucho tiempo después me enteraría que la estrella que nos permitió guiarnos hacia el Este no era la Polar y que simplemente por casualidad, habíamos ido llevando aproximadamente este rumbo hasta amanecer en unos acantilados ya muy cerca de la costa.)

El mar se veía abajo; nos separaba de él un farallón cortado a pico de unos cincuenta metros de altura y la tentadora imagen de una fosa de agua, al parecer dulce, sobresalía abajo. Nuestro tormento mayor era la sed; esa noche había aparecido una multitud de cangrejos e impulsados por el hambre matamos algunos, pero como no podíamos hacer fuego, sorbimos crudas sus partes gelatinosas, lo que nos provocó una sed angustiosa.

Después de mucho buscar encontramos un paso practicable donde bajar en busca del agua pero, en los trajines de ida y venida, la fosa observada desde lo alto se nos perdió y solamente pudimos mitigar la sed gracias a las pequeñas cantidades de agua restantes de lluvias anteriores que quedaban en los huecos del «diente de perro», allí la buscábamos y la extraíamos mediante la bombita de un nebulizador antiasmático; tomamos solo algunas gotas de líquido cada uno.

Íbamos caminando con desgano, sin rumbo fijo; de vez en cuando un avión pasaba por el mar. Caminar entre los arrecifes era muy fatigoso y algunos proponían ir pegados a los acantilados de la costa, pero había allí un inconveniente grave: nos podían ver. En definitiva nos quedamos tirados a la sombra de algunos arbustos esperando que bajara el sol. Al anochecer encontramos una playita y nos bañamos.

Hice un intento de repetir algo que había leído en algunas publicaciones semicientíficas o en alguna novela en que se explicaba que el agua dulce mezclada con un tercio de agua de mar da un agua potable muy buena y aumenta la cantidad de líquido; hicimos así con lo que quedaba de una cantimplora y el resultado fue lamentable; un brebaje salobre que me valió la crítica de todos los compañeros. Algo refrescados por el baño seguimos caminando. Era de noche y creo recordar que había una luna bastante buena. Almeida y yo, que íbamos a la cabeza, observamos de pronto, en una de esas pequeñas chozas que los pescadores hacen a la orilla del mar para resguardarse de la intemperie, una sombra de gente durmiendo. Creímos que eran soldados, pero estábamos demasiado cerca ya para retroceder y avanzamos rápidamente; Almeida fue a intimar la rendición a los dormidos, cuando nos encontramos con una sorpresa agradable: eran tres expedicionarios del Granma, Camilo Cienfuegos, Pancho González y Pablo Hurtado. En seguida iniciamos un intercambio de opiniones, de experiencias, de noticias de lo poco que sabía cada uno de los otros o cada uno del combate. Mientras que el grupo de Camilo nos obsequiaba con un pedazo de caña que había arrancado antes de huir y que sirvió para engañar al estómago con algo dulce y jugoso, ellos masticaban desaprensivamente los cangrejos. Habían encontrado la forma de mitigar la sed sorbiendo directamente el agua de los hoyitos con algún tubito o palo hueco.

Seguimos nuestro camino todos juntos. Ocho era ahora el número de combatientes del ejército remanente del Granma y no teníamos noticias de que hubiera más supervivientes. Pensábamos, con lógica, que debía haber más grupos como el nuestro, pero no teníamos siquiera idea de dónde estábamos, todo lo que sabíamos era que caminando con el mar a nuestra derecha íbamos hacia el Este, es decir a la Sierra Maestra, el lugar donde teníamos que refugiarnos. No se nos escapaba el hecho de que los acantilados a pico y el mar cerraban completamente nuestras posibilidades de fuga, en caso de toparnos con una tropa enemiga. No recuerdo ahora si fue uno o dos días que caminamos por la costa, solo sé que comimos algunos pequeños frutos de tuna que crecían en las orillas, uno o dos por cabeza, lo que no engañaba al hambre, y que la sed era atenazante, pues las contadas gotas de agua debían racionarse al máximo.

Una madrugada, ya sumamente cansados, llegamos a la orilla del mar y quedamos dormitando hasta que se viera por dónde pasar porque parecía que de pronto los acantilados hubieran caído a pico.

Apenas amaneció iniciamos una exploración y apareció ante nuestros ojos una casa grande de guano con la apariencia de pertenecer a algún campesino de una posición acomodada. Mi opinión inmediata fue no acercarnos a una casa de ese tipo, pues presumiblemente serían nuestros enemigos o tal vez el ejército la ocupara. Benítez opinó todo lo contrario y al final avanzamos los dos hacia la casa.

Yo me quedaba afuera mientras él cruzaba una cerca de alambre de púas (nos acompañaba alguien más que no recuerdo), de pronto percibí claramente en la penumbra la imagen de un hombre uniformado con una carabina M-1 en la mano, pensé que habían llegado nuestros últimos minutos, al menos los de Benítez, a quien ya no podía avisar porque estaba más cerca del hombre que de mi posición; Benítez llegó casi al lado del soldado y se volvió por donde había venido, diciéndome con toda ingenuidad que él volvía porque había visto «un señor con una escopeta» y no le pareció prudente preguntarle nada.

Realmente, Benítez y todos nosotros nacimos de nuevo, pero allí no paró nuestra odisea; después de dar un rodeo prudencial, tratamos de ir trepando por el acantilado mucho más bajo aquí, pues llegábamos a la zona denominada Ojo de Buey, donde un pequeño río cae al mar y por lo tanto lo perfora en ese lugar.

El día nos sorprendió antes de lograr traspasar la loma y solamente atinamos a llegar a una cueva desde la cual se observaba perfectamente todo el panorama: éste era de absoluta tranquilidad; una embarcación de la marina desembarcaba hombres, mientras otros embarcaban, al parecer, en una operación de relevo. Pudimos contar cerca de treinta y después supimos que eran los hombres de Laurent, el temido asesino de la Marina de Guerra que, después de haber cumplido su macabra misión de asesinar a un grupo de compañeros, estaba relevando a sus hombres.

Ante los ojos asombrados de Benítez aparecieron los «señores de la escopeta» con toda su trágica realidad. La situación era bastante mala; en el caso de ser descubiertos, no había la menor posibilidad de salvación y solo restaba luchar allí hasta el final.

Pasamos el día sin probar bocado, racionando rigurosamente el agua que distribuíamos en el ocular de una mirilla telescópica para que fuera exacta la medida para cada uno de nosotros y por la noche emprendimos nuevamente el camino para alejarnos de esta zona donde vivimos uno de los días más angustiosos de la guerra, entre la sed y el hambre, el sentimiento de nuestra derrota y la inminencia de un peligro palpable e ineludible que nos hacía sentir como ratas acorraladas.

Después de algunas peripecias fuimos a caer al arroyo que desembocaba en el mar, o a algún afluente de este; tirados en el suelo bebimos ávidamente, como caballos, durante un largo rato, hasta que nuestro estómago vacío de alimentos, se resistió a recibir más agua. Llenamos las cantimploras y seguimos nuestro viaje. Por la madrugada llegamos a la punta de un pequeño cerrito en el cual había unos cuantos árboles. Nos distribuimos allí como para hacer resistencia y para poder ocultarnos lo mejor posible y pasamos todo el día viendo pasar avionetas a muy baja altura sobre nuestras cabezas, con altoparlantes que emitían sonidos incomprensibles pero que Almeida y Benítez, veteranos del Moncada, entendían que era una intimación de rendición. Por el bosque de vez en cuando se oían algunos gritos inidentificables.

Esa noche seguimos nuestro peregrinaje hasta llegar a las cercanías de una casa donde se oía el ruido de una orquesta. Una vez más se suscitó la discusión; Ramiro, Almeida y yo opinábamos que no se debía ir de ninguna manera a un baile o algo así, puesto que los campesinos inmediatamente, aunque no fuera más que por indiscreción natural, harían conocer nuestra presencia en la zona; Benítez y Camilo Cienfuegos opinaban que había que ir de todas maneras y comer. Al final Ramiro y yo fuimos comisionados para la tarea de llegar hasta la casa, obtener noticias y lograr comida. Cuando llegábamos cerca cesó la música y se oyó distante la voz de un hombre que decía algo así como: «vamos a brindar ahora por todos nuestros compañeros de armas de tan brillante actuación». Nos bastó para volver lo más rápido y sigilosamente posible a informar a nuestros compañeros de quiénes eran los que se estaban divirtiendo en aquella fiesta.

Seguimos nuestro camino, pero con la gente cada vez más negada a caminar; esa noche, o tal vez la siguiente, casi todas los compañeros se resistieron a seguir y tuvimos que llamar entonces a las puertas de un campesino, en las orillas de un camino real, en el lugar llamado Puercas Gordas, nueve días después de la sorpresa.

Nos recibieron en forma amable y seguidamente un festival ininterrumpido de comida se realizó en aquella choza campesina. Horas y horas pasamos comiendo hasta que nos sorprendió el día y ya no podíamos salir de allí. Por la mañana llegaban campesinos avisados de nuestra presencia que, curiosos y solícitos, venían a conocernos y a darnos algo de comer o traernos algún presente.

La pequeña casa en que estábamos pronto se convertía en un infierno: Almeida iniciaba el fuego de la diarrea y luego ocho intestinos desagradecidos demostraban su ingratitud, envenenando aquel pequeño recinto; algunos llegaban a vomitar. Pablo Hurtado agotado por los días de marcha, de cansancio, de mareo, de hambre y sed acumulados, no podía levantarse.

Resolvimos seguir par la noche. Los campesinos dijeron que tenían noticias de que Fidel estaba vivo y que podían llevarnos a algunas zonas en las cuales presumiblemente estaría con Crescencio Pérez, pero teníamos que dejar los uniformes y las armas. Almeida y yo conservamos unas pistolas ametralladoras Star; los ocho fusiles y todas las balas quedaron en resguardo en casa del campesino, mientras nosotros nos dividíamos en dos grupos, de tres y cuatro hombres, para alojarnos en casa de los campesinos y de allí ir ganando, en sucesivas etapas, la Maestra.

El grupo nuestro estaba integrado si mal no recuerdo, por Pancho González, Ramiro Valdés, Almeida y yo; el otro por Camilo, Benítez y Chao; Pablo Hurtado quedaba enfermo en la casa.

Apenas nos fuimos, el dueño de la casa no pudo resistir la tentación de comunicar la noticia a un amigo para discutir donde escondía las armas; éste le convenció de que podían venderse, entrando en tratos con un tercero, el que hizo la denuncia al ejército y, pocas horas después de haber dejado la primera hospitalaria mansión de Cuba, el enemigo irrumpió, tomaba preso a Pablo Hurtado y capturaba todas las armas.

Nosotros estábamos en casa de un adventista llamado Argelio Rosabal a quien todos conocían como El Pastor. Este compañero, al enterarse de la infausta noticia hizo contacto rápidamente con otro campesino de la zona, muy conocedor de ella y que decía simpatizaba con los rebeldes. Esa noche nos sacaban de allí y nos llevaban a otro refugio más seguro. El campesino que conociéramos aquel día se llamaba Guillermo García, hoy jefe del Ejército de Occidente y miembro de la Dirección Nacional de nuestro Partido.

Después estuvimos en algunas otras casas campesinas; Carlos Mas, incorporado al ejército más tarde, Perucho, otros compañeros cuyos nombres no recuerdo. Una madrugada, después de cruzar la carretera de Pilón, y caminar sin guía alguno, llegábamos hasta la finca de Mongo Pérez, hermano de Crescencio, donde estaban todos los expedicionarios sobrevivientes y en libertad —hasta el momento— de nuestras tropas desembarcadas; a saber, Fidel Castro, Universo Sánchez, Faustino Pérez, Raúl Castro, Ciro Redondo, Efigenio Almeijeiras, René Rodríguez y Armando Rodríguez. Pocos días después se nos incorporarían Morán, Crespo, Julito Díaz, Calixto García, Calixto Morales y Bermúdez.

Nuestra pequeña tropa se presentaba sin uniformes y sin armamentos, pues las dos pistolas era todo lo que habíamos logrado salvar del desastre y la reconvención de Fidel fue muy violenta.

Durante toda la campaña, y aún hoy, recordamos su admonición: «No han pagado la falta que cometieron, porque el dejar los fusiles en estas circunstancias se paga con la vida; la única esperanza de sobrevivir que tenían en caso de que el ejército topara con ustedes eran sus armas. Dejarlas fue un crimen y una estupidez».

Combate de La Plata

El ataque a un pequeño cuartel que existía en la desembocadura del río de La Plata, en la Sierra Maestra, constituyó nuestra primera victoria y tuvo cierta resonancia, más lejana que la abrupta región donde se realizó. Fue un llamado de atención a todos, la demostración de que el Ejército Rebelde existía y estaba dispuesto a luchar y, para nosotros, la reafirmación de nuestras posibilidades de triunfo final.

El día 14 de enero de 1957, poco más de un mes después de la sorpresa de Alegría de Pío, paramos en el río Magdalena que está separado de La Plata por un firme que sale de la Maestra y muere en el mar dividiendo las dos pequeñas cuencas. Allí hicimos algunos ejercicios de tiro, ordenados por Fidel para entrenar algo a la gente; algunos tiraban por primera vez en su vida. Allí nos bañamos también, después de muchos días de ignorar la higiene y, los que pudieron, cambiaron sus ropas. En aquel momento había veintitrés armas efectivas; nueve fusiles con mirilla telescópica, cinco semiautomáticos, cuatro de cerrojo, dos ametralladoras Thompson, dos pistolas ametralladoras y una escopeta calibre 16. Por la tarde de ese día subimos la última loma antes de llegar alas inmediaciones de La Plata. Seguíamos un angosto trillo del bosque transitado por muy pocas personas y marcado especialmente para nosotros a punta de machete por un campesino de la región, llamado Melquiades Elías. Este nombre nos fue dado por nuestro guía Eutimio, que en esa época era imprescindible para nosotros y la imagen del campesinado rebelde; pero algún tiempo después fue apresado por Casilla, quien en vez de matarlo lo compró con la oferta de $10. 000 y un grado en el ejército si mataba a Fidel. Estuvo muy cerca de su intento, pero le faltó valor para hacerlo; sin embargo, muy importante fue su acción, delatando nuestros campamentos.

En aquella época, Eutimio nos servía lealmente; era uno de los tantos campesinos que luchaban por sus tierras contra los terratenientes de la región, y quien luchara contra los terratenientes, luchaba al mismo tiempo contra la guardia que era la servidora de aquella clase.

Durante el camino de ese día, tomamos dos campesinos prisioneros que resultaron ser parientes del guía: uno de ellos fue puesto en libertad pero el otro fue retenido, como medida de precaución. Al día siguiente, 15 de enero, avistamos el cuartel de La Plata, a medio construir, con sus láminas de zinc y vimos un grupo de hombres semidesnudos en los que se adivinaba, sin embargo, el uniforme enemigo. Pudimos observar cómo, a las seis de la tarde, antes de caer el sol, llegaba una lancha cargada de guardias, bajando unos y subiendo otros. Como no comprendimos bien las evoluciones decidimos dejar el ataque para el día siguiente.

Desde el amanecer del 16 se puso observación sobre el cuartel. Se había retirado el guardacostas por la noche; se iniciaron labores de exploración pero no se veían soldados por ninguna parte. A las tres de la tarde, decidimos ir acercándonos al camino que sube del cuartel bordeando el río para tratar de observar algo; al anochecer, cruzamos el río de La Plata que no tiene profundidad alguna y nos apostamos en el camino; a los cinco minutos, tomamos prisioneros a dos campesinos. Uno de los hombres tenía algunos antecedentes de chivato; al saber quiénes éramos y expresarles que no teníamos buenas intenciones sino hablaban claro, dieron informaciones valiosas. Había unos soldados en el cuartel, aproximadamente una quincena, y, además, al rato debía pasar uno de los tres famosos mayorales de la región: Chicho

Osorio. Estos mayorales pertenecían al latifundio de la familia Laviti que había creado un enorme feudo y lo mantenía mediante el terror con la ayuda de individuos como Chicho Osorio. Al poco rato, apareció el nombrado Chicho, borracho, montado en un mulo y con un negrito a horcajadas. Universo Sánchez, le dio el alto en nombre de la guardia rural, y éste rápidamente contestó: «mosquito» ; era la contraseña.

A pesar de nuestro aspecto patibulario, quizás por el grado de embriaguez de ese sujeto, pudimos engañar a Chicho Osorio. Fidel, con aire indignado, le dijo que era un coronel del ejército, que venía a investigar por qué razón no se había liquidado ya a los rebeldes, que él sí se metía en el monte, por eso estaba barbudo, que era una «basura» lo que estaba haciendo el ejército; en fin, habló bastante mal de la ejecutividad de las fuerzas enemigas. Con gran sumisión, Chicho Osorio contó que, efectivamente, los guardias se la pasaban en el cuartel, que solamente comían, sin actuar; que hacían recorridos sin importancia; manifestó enfáticamente que había que liquidar a todos los rebeldes. Se empezó a hacer discretamente una relación de la gente amiga y enemiga en la zona, preguntándole por ella a Chicho Osorio y, naturalmente poniéndolo al revés, cuando Chicho decía que alguno era malo, ya teníamos una base para decir que era bueno. Así se juntaron veintitantos nombres, y el chivato seguía hablando; nos contó como habían muerto dos hombres en esos lugares; «pero mi general Batista me dejó libre enseguida» ; nos dijo cómo acababa de darles unas bofetadas a unos campesinos que se habían puesto «un poco malcriados» y que, además, según sus propias palabras, los guardias eran incapaces de hacer eso; los dejaban hablar sin castigarlos. Le preguntó Fidel qué cosa haría él con Fidel Castro en caso de agarrarlo, y entonces contestó con un gesto explicativo que había que partirle los... igualmente opinó de Crescencio. Mire, dijo, mostrando los zapatos de nuestra tropa, de factura mexicana, «de uno de esos hijos de... que matamos». Allí, sin saberlo, Chicho Osorio había firmado su propia sentencia de muerte. Al final, ante la insinuación de Fidel, accedió a guiarnos para sorprender a todos los soldados y demostrarles que estaban muy mal preparados y que no cumplían con su deber.

Nos acercamos hacia el cuartel, teniendo como guía a Chicho Osorio, aunque personalmente no estaba muy seguro de que aquel hombre no se hubiera percatado ya de la estratagema. Sin embargo, siguió con toda ingenuidad, pues estaba tan borracho que no podía discernir; al cruzar nuevamente el río para acercarnos al cuartel, Fidel le dijo que las ordenanzas militares establecían que el prisionero debía estar amarrado; el hombre no opuso resistencia, siguió como prisionero, aunque sin saberlo. Explicó que la única guardia establecida era una entrada en el cuartel en construcción y la casa de otro de los mayorales llamado Honorio, y nos guió hasta un lugar cercano al cuartel por donde pasaba el camino al Macío. El compañero Luis Crespo, hoy comandante, fue enviado a explorar y volvió con la noticia de que eran exactos los informes del mayoral, pues se veían las dos construcciones y el punto rojo de los cigarros de la guardia en el medio.

Cuando estábamos listos para acercarnos tuvimos que escondernos y dejar pasar a tres guardias a caballo que pasaban, arriando como una mula a un prisionero de a pie. Al lado mío pasó, y recuerdo las palabras del pobre campesino que decía: «Yo soy como ustedes» y la contestación de un hombre, que después identificamos como el cabo Basol, «cállate y sigue antes de que te haga caminar a latigazos» . Nosotros creíamos que ese campesino quedaba fuera de peligro al no estar en el cuartel, expuesto a nuestras balas en el momento del ataque; sin embargo, al día siguiente, cuando se enteraron del combate y sus resultados fue asesinado vilmente en el Macío.

Teníamos preparado el ataque con veintidós armas disponibles. Era un momento importante, pues teníamos muy pocas balas; había que tomar el cuartel de todas maneras, el no tomarlo significaba gastar todo el parque, quedar prácticamente indefensos. El compañero teniente Julito Díaz, caído gloriosamente en El Uvero, con Camilo Cienfuegos, Benítez y Calixto Morales, con fusiles semiautomáticos, cercarían la casa de guano por la extrema derecha. Fidel, Universo Sánchez, Luis Crespo, Calixto García, Fajardo —hoy comandante del mismo apellido que nuestro médico, Piti Fajardo, caído en Escambray— y yo, atacaríamos por el centro. Raúl con su escuadra y Almeida con la suya, el cuartel, por la izquierda.

Así fuimos acercándonos a las posiciones enemigas hasta llegar a unos cuarenta metros. Había buena luna. Fidel inició el tiroteo con dos ráfagas de ametralladora y fue seguido por todos los fusiles disponibles. Inmediatamente, se invitó a rendirse a los soldados, pero sin resultado alguno. En el momento de iniciarse el tiroteo fue ajusticiado el chivato y asesino Chicho Osorio.

El ataque se había iniciado a las dos y cuarenta de la madrugada y los guardias hicieron más resistencia de la esperada, había un sargento que tenía un M-1, y respondía con una descarga cada vez que le intimábamos la rendición; se dieron órdenes de disparar nuestras viejas granadas de tipo brasileño; Luis Crespo tiró la suya, yo la que me pertenecía. Sin embargo, no estallaron. Raúl Castro tiró dinamita sin niple y ésta no hizo ningún efecto. Había entonces que acercarse y quemar las casas aun a riesgo de la propia vida; en aquellos momentos Universo Sánchez trató de hacerlo primero y fracasó, después Camilo Cienfuegos tampoco pudo hacerlo, y al final, Luis Crespo y yo nos acercamos a un rancho que este compañero incendió. A la luz del incendio pudimos ver que era simplemente un lugar donde guardaban los frutos del cocotal cercano, pero intimidamos a los soldados que abandonaron la lucha. Uno huyendo fue casi a chocar contra el fusil de Luis Crespo que lo hirió en el pecho, le quitó el arma y seguimos disparando contra la casa. Camilo Cienfuegos, parapetado detrás de un árbol, disparó contra el sargento que huía y agotó los pocos cartuchos de que disponía.

Los soldados, casi sin defensa, eran inmisericordemente heridos por nuestras balas. Camilo Cienfuegos entró primero, por nuestro lado, a la casa de donde llegaban gritos de rendición. Hicimos rápidamente el balance que había dejado el combate en armas: ocho Springfield, una ametralladora Thompson y unos mil tiros; nosotros habíamos gastado unos quinientos tiros aproximadamente. Además, teníamos cananas, combustible, cuchillos, ropas, alguna comida. El recuento de bajas: ellos tenían dos muertos y cinco heridos, además tres prisioneros. Algunos junto con el chivato Honorio, habían huido. Por nuestra parte, ni un rasguño. Se los dio fuego a las casas de los soldados y nos retiramos, luego de atender lo mejor posible a los heridos, tres de ellos de mucha gravedad, que luego murieron, según nos enteramos después de la victoria final, los dejamos al cuidado de los soldados prisioneros. Uno de estos soldados, se incorporó después a las tropas del comandante Raúl Castro y alcanzó el grado de teniente, muriendo en un accidente aéreo ya después de ganada la guerra.

Siempre contrastaba nuestra actitud con los heridos y la del ejército, que no solo asesinaba a nuestros heridos sino que abandonaba a los suyos. Esta diferencia fue haciendo su efecto con el tiempo y constituyó uno de los factores de triunfo. Allí, con mucho dolor para mí, que sentía como médico la necesidad de mantener reservas para nuestras tropas, ordenó Fidel que se entregaran a los prisioneros todas las medicinas disponibles para el cuidado de los soldados heridos, y así lo hicimos. Dejamos también en libertad a los civiles y, a las cuatro y treinta de la mañana del día 17, salíamos rumbo a Palma Mocha, a donde llegamos al amanecer internándonos rápidamente, buscando las zonas más abruptas de la Maestra.

Un espectáculo lastimoso se ofrecía a nuestros ojos; un cabo y un mayoral habían afirmado la víspera, a todas las familias presentes, que la aviación bombardearía todo aquello y entonces iniciaron un éxodo hacia la costa.

Como nadie conocía nuestra estancia en el lugar, era claramente una maniobra entre los mayorales y la guardia rural para despojar a los guajiros de sus tierras y pertenencias, pero la mentira de ellos había coincidido con nuestro ataque y ahora se hacia verdad, de modo que el terror se sembró en ese momento y fue imposible detener el éxodo campesino.

Este fue el primer combate victorioso de los ejércitos rebeldes; en éste y el combate siguiente, fue el único momento de la vida de nuestra tropa donde nosotros hayamos tenido más armas que hombres... El campesino no estaba preparado para incorporarse a la guerrilla.

Combate de Arroyo del Infierno

El Arroyo del Infierno es un pequeño riachuelo de escaso recorrido que desemboca en el río Palma Mocha. A sus márgenes, alejándonos del río Palma Mocha y subiendo por las laderas de las lomas que lo bordean, llegamos a una pequeña abra circular en el monte donde se levantaban dos pequeños bohíos e hicimos nuestro campamento en esta zona, naturalmente, dejando vacías las casas campesinas.

Fidel calculaba que el ejército vendría en nuestra búsqueda y que más o menos nos localizaría; decidió preparar en esta región la emboscada que sirviera para atrapar algunos soldados enemigos. Consecuentemente con ello distribuyó la gente. Fidel constantemente vigilaba las líneas y daba recorridos para cerciorarse de la eficacia de la defensa. El día 19 de enero por la mañana, ocurrió un accidente que pudo tener graves consecuencias. Yo había llevado como trofeo de la lucha en La Plata, un casco completo de cabo del ejército batistiano y lo portaba con todo orgullo, pero al ir a inspeccionar las tropas, lo hicimos por pleno monte; y la vanguardia nos oyó venir desde lejos y vio el grupo encabezado por uno que llevaba casco.

Afortunadamente en ese momento se estaban limpiando las armas y solamente funcionaba el fusil de Camilo Cienfuegos que disparó sobre nosotros, aunque inmediatamente comprendió su error; el primer disparo no dio en el blanco y el fusil automático se trabó impidiéndole seguir disparando. Este hecho demuestra el estado de tensión que teníamos todos, esperando, como una liberación, el combate. Son instantes en que hasta los más firmes de nervios sienten cierto leve temblor en las rodillas y todo el mundo ansía de una vez la llegada de ese momento estelar de la guerra, que es el combate. Sin embargo no era, ni con mucho, nuestro deseo de combatir; lo hicimos porque era necesario. En la madrugada del día 22, se oyeron algunos disparos aislados por la zona del río Palma Mocha y esto nos incitó a mantener en mejores condiciones nuestra línea; a cuidarnos más y a esperar la inminente presencia de la tropa enemiga.

Debido a que se suponía que estaban los soldados cerca, no hubo ni desayuno ni almuerzo. Con el guajiro Crespo habíamos descubierto un nido de gallinas y racionábamos el uso que hacíamos de los huevos dejando uno, como es usual, para que siguieran poniendo. Ese día, en vista de los tiros escuchados por la noche, Crespo decidió que debíamos comernos el último huevo, y así lo hicimos. Era mediodía cuando observamos una figura humana en uno de los bohíos; pensamos en el primer momento que alguno de los compañeros había desobedecido la orden de no acercarse a las casas. Sin embargo, no era así; uno de los soldados de la dictadura era el explorador del bohío.

Aparecieron después hasta seis, y luego se fueron, quedando tres a la vista; pudimos observar cómo el soldado de guardia, tras mirar a todos lados, quitó unas hierbas, se las puso en las orejas en un intento de camuflaje y se sentó a la sombra, tranquilamente, sin aprensiones en su rostro claramente visible en la mirilla telescópica. El disparo de Fidel, que abrió el fuego, lo fulminó, pues solamente alcanzó a dar un grito, algo así como "¡ay mi madre!" y cayó para no levantarse. Se generalizó el tiroteo y cayeron los dos compañeros del infortunado soldado. De pronto descubrí que en otro bohío más cercano a mis posiciones había otro soldado que trataba de esconderse del fuego nuestro. Se le veían solamente las piernas, pues mi posición elevada hacía que el techo del bohío lo tapara. Tiré a rumbo la primera vez y fallé; el segundo disparo dio de lleno en el pecho del hombre que cayó dejando su fusil clavado en la tierra por la bayoneta. Cubierto por el guajiro Crespo, llegué a la casa donde pude observar el cadáver quitándole sus balas, su fusil y algunas otras pertenencias. El hombre había recibido un balazo en medio del pecho que debió haberle partido el corazón y su muerte fue instantánea; ya presentaba los primeros síntomas de la rigidez cadavérica debido quizás al cansancio de la última jornada que había rendido.

El combate fue de una velocidad extraordinaria y pronto estábamos huyendo cada uno por su lado, luego de logrados, por nuestra parte los objetivos propuestos.

Al hacer el recuento constatamos que habíamos gastado 900 balas aproximadamente y que se recuperaron 70 de una canana llena y un fusil; ése fue el Garand que le correspondió a Efigenio

Ameijeiras, el que lo llevó durante buena parte de la guerra. Se contaron cuatro muertos del enemigo, pero meses después nos enteramos, al detener un chivato, que habían sido cinco las bajas. No era una victoria completa, pero tampoco una victoria pírrica. Habíamos medido nuestras fuerzas con el ejército en nuevas situaciones y habíamos superado la prueba.

Esto nos mejoró mucho el ánimo y nos permitió seguir durante todo el día trepando hacia los montes más inaccesibles para escapar a la persecución de grupos mayores del ejército enemigo. Así fuimos a caer del otro lado de la montaña y caminábamos paralelamente a la tropa de Batista, que también había huido, y había cruzado las mismas cúspides para seguir hacia el otro lado; durante dos días nuestras tropas y las del enemigo marcharon casi juntas, sin percatarse de ello; una vez dormimos en dos bohíos, separados apenas por un pequeño río como es el de La Plata, a algún par de recodos unos de otros. El teniente que comandaba la patrulla se llamaba Sánchez Mosquera y su nombre se hizo famoso en la Sierra Maestra debido a sus depredaciones. Es bueno explicar que los balazos oídos por nosotros horas antes de la acción fueron disparados para asesinar a un "pichón de haitiano" que se negara a conducir las tropas hasta nuestro escondite. Si no hubieran cometido ese asesinato no nos hubieran encontrado tan alertas.

Estábamos de nuevo sobrecargados de peso, llevando muchos de nosotros dos fusiles; en esta situación no era muy fácil el camino, pero evidentemente era otra moral la que imperaba, diferente a la que imperaba después del desastre de Alegría de Pío. Pocos días antes habíamos derrotado a un grupo menor en número, atrincherado en un cuartel; ahora derrotábamos una columna en marcha superior en número a nuestras fuerzas y se pudo experimentar la importancia que tiene en este tipo de guerra liquidar las vanguardias, pues sin vanguardia no puede moverse un ejército.

Ataque aéreo

Después del combate victorioso contra las fuerzas de Sánchez Mosquera, habíamos caminado por las riberas del río de La Plata y, después, cruzando el Magdalena, vuelto a la zona ya conocida por nosotros en Caracas. Pero el ambiente que existía allí era diferente al que habíamos vivido la primera vez, cuando estuvimos escondidos en esa misma loma y todo el pueblo nos apoyaba; ahora las tropas de Casillas habían pasado sembrando el terror por la zona. Los campesinos se habían ido y solamente quedaban sus bohíos vacíos y algún animal que nosotros sacrifi cábamos para comer. La experiencia nos enseñaba que no era correcto el vivir en las casas, de modo que, después de pasar la noche en una de ellas, solitaria, subimos al monte y establecimos nuestro campamento al pie de una aguada, casi en la punta de la loma en Caracas.

Allí recibí una consulta de Manuel Fajardo, preguntándome si era posible que perdiéramos la guerra. Nuestra contestación, independientemente de la euforia de alguna victoria, era siempre la misma: que la guerra se ganaba indiscutiblemente. Me explicó que él me preguntaba eso porque el gallego Morán, le había dicho que no era posible ganar la guerra, que estábamos perdidos y lo había invitado a abandonar la campaña. Puse en conocimiento de Fidel estos datos pero me encontré con que, previsoramente el gallego Morán le había informado ya a Fidel Castro que estaba haciendo algunos tanteos para probar la moral de la tropa. Convinimos en que no era el sistema más adecuado éste y Fidel dio una pequeña arenga instando a una mayor disciplina y explicando los peligros que podía haber si faltaban a ella. Anunció además que tres delitos se castigarían con la pena de muerte: la insubordinación, la deserción y el derrotismo.

La situación no estaba muy alegre en esos días; la columna, sin su espíritu forjado en la lucha, todavía, y sin una clara conciencia ideológica, no acababa de consolidarse. Un día uno, un día otro se ausentaban compañeros; pedían funciones que a veces eran de mucho mayor riesgo en la ciudad, pero que significaban siempre la huida ante las duras condiciones del campo. Sin embargo, continuaba la vida de campaña su curso; el gallego Morán mostró una infatigable actividad buscando comida y haciendo contacto con los campesinos de lugares cercanos.

En esas condiciones estábamos el día 30 de enero por la mañana. Eutimio Guerra, el traidor, había pedido permiso para ir a ver a su madre enferma y Fidel se lo había concedido, dándole además algo de dinero para el viaje. Según él, el viaje duraría algunas semanas; todavía nosotros no habíamos comprendido una serie de hechos que después fueron claramente explicados por la actuación posterior de este sujeto. Al juntarse nuevamente con la tropa, Eutimio dijo que él había llegado cerca de Palma Mocha cuando se enteró que estaban las fuerzas del gobierno tras nuestra pista y que había tratado de irnos a avisar, pero ya encontró solo algunos cadáveres de soldados en el bohío de Delfín, uno de los guajiros en cuyas tierras se escenificó el combate de Arroyo del Infierno, y que había seguido nuestra pista por la Sierra hasta encontrarnos allí. En realidad lo que había ocurrido es que él había sido hecho prisionero y estaba ya trabajando como agente del enemigo pues había convenido en recibir dinero y un grado militar para asesinar a Fidel.

Como parte del plan, Eutimio había salido del campamento el día anterior, y por la mañana, después de una noche fría, cuando empezábamos a levantarnos, escuchamos el zumbido de aviones que no se podían localizar pues estábamos en el monte. La cocina encendida estaba a unos doscientos metros más abajo, en una pequeña aguada, allí donde acampaba la punta de vanguardia. De pronto se oyó la picada de un avión de combate, el tableteo de unas ametralladoras y, a poco, las bombas. Nuestra experiencia era muy escasa en aquellos momentos y oíamos tiros por todos lados. Las balas de calibre 50 estallan al dar en tierra y golpeando cerca nuestro daban la impresión de salir del mismo monte al tiempo que se oían también los disparos de las ametralladoras desde el aire, al salir las balas. Eso nos hizo pensar que estábamos atacados por fuerzas de tierra.

Se me encomendó la misión de esperar a los miembros de la punta de vanguardia y también de recoger unos enseres que habíamos abandonado debido al ataque aéreo. El punto de reunión era la Cueva del Humo. Mi compañero fue en aquel momento Chao, veterano de la guerra española. Estuvimos esperando durante algún tiempo la llegada de algunos compañeros desaparecidos, pero no encontramos a nadie. Seguimos las huellas de la columna caminando tras un rastro impreciso, con una gran carga, hasta que resolvimos sentarnos a descansar en un claro del bosque. Después de algún tiempo, al sentir ruido y observar movimientos, vimos que avanzaban también siguiendo las mismas huellas el hoy comandante Guillermo García y Sergio Acuña; eran miembros del destacamento de vanguardia y venían a unirse con el grupo. Tras alguna deliberación, Guillermo García y yo fuimos nuevamente al campamento para tratar de ver qué es lo que pasaba ya que no se escuchaba ningún ruido; los aviones habían desaparecido.

Vimos un espectáculo desolador: con una extraña puntería que no se repitió, afortunadamente, durante la guerra, había sido atacada la cocina. El fogón había sido partido en pedazos por la metralla y una bomba había estallado exactamente en el medio de nuestro campamento de vanguardia pero, momentos después de retirada la gente. El gallego Morán y un compañero habían salido a explorar y volvía Morán solo, anunciando que había visto los aviones desde lejos, que eran cinco y, además, que no había tropas en la cercanía. Seguíamos caminando los cinco compañeros, con una gran carga, en medio del espectáculo desolador de las casas de nuestros antiguos amigos quemadas totalmente. Todo lo que encontramos en una de ellas, fue un gato que nos aulló lastimosamente y un puerco que salió gruñendo al sentir nuestra presencia. De la Cueva del Humo conocíamos el nombre pero no sabíamos exactamente cuál era el lugar. Así pasamos la noche en medio de la incertidumbre, esperando ver a nuestros compañeros, pero temiendo encontrar al enemigo.

El día 31 tomamos posición en lo alto de una loma dominando unos sembradíos, en lo que suponíamos que debía ser la Cueva del Humo; se hicieron varias exploraciones sin encontrar nada. Sergio, uno de los cinco, creyó ver dos personas con gorritos de peloteros, pero se demoró en avisar y no pudimos alcanzar a nadie. Salimos con Guillermo a explorar hasta el fondo del valle cerca de las riberas del Ají donde un amigo de Guillermo nos dio algo de comer, pero toda la gente estaba muy asustada. Nos avisó este amigo que toda la mercancía de Ciro Frías fue tomada por los guardias y quemada; las mulas fueron requisadas y el arriero muerto. La tienda de Ciro Frías quemada y su mujer presa. Los hombres que habían pasado por la mañana estaban bajo las órdenes del comandante Casillas que había dormido en las cercanías de la casa.

El 1° de febrero nos quedamos en nuestro pequeño campamento, prácticamente a la intemperie, reponiéndonos del cansancio de las caminatas del día anterior. A las once de la mañana se oyó un tiroteo al otro lado de la loma y después, más cerca, unos gritos lastimeros como de alguien pidiendo auxilio. Todo esto parece que acabó con los nervios de Sergio Acuña, quien dejó silenciosamente su canana y el fusil y desertó de la guardia a él encomendada. Anotamos en nuestro diario de campaña que se había llevado un sombrero guajiro, una lata de leche condensada y tres chorizos; en aquel momento lo sentimos mucho por la leche condensada y los chorizos. Unas horas después oímos ruidos y nos aprestamos a la defensa, no sabiendo si el desertor nos había traicionado, pero apareció Crescencio con una larga columna integrada por casi todos los nuestros y una nueva gente incorporada de Manzanillo que estaba dirigida por Roberto Pesant. De los nuestros faltaban Sergio Acuña, el desertor, y los compañeros Calixto Morales, Calixto García y Manuel Acuña; además un nuevo recluta incorporado recientemente que se había perdido en el tiroteo en este primer día.

Bajamos nuevamente al valle del Ají, y en el camino se repartieron algunas cosas que habían traído los de Manzanillo, incluido equipo de cirugía y mudas de ropa para todos. Nos emocionó mucho recibir en aquel momento una muda de ropa con iniciales bordadas por las muchachas de Manzanillo. Al día siguiente, dos de febrero, al cumplirse dos meses del desembarco del Granma, estaba un grupo homogéneo reunido; se habían incorporado a él unos diez hombres más provenientes de Manzanillo y nos sentíamos más fuertes y con mejor ánimo que nunca. Muchas discusiones tuvimos de cómo se había producido la sorpresa y el ataque de los aviones y todos coincidimos en que la cocina de día y el humo que desprendiera la fogata había guiado los aviones hasta allí. Durante muchos meses y quizás durante toda la guerra, los recuerdos de aquella sorpresa pesaron en el ánimo de la tropa y hasta el fi nal no se hicieron fogones al aire libre durante el día, temiendo alguna desagradable consecuencia.

Nos parecía imposible, y creo que no pasó por la mente de nadie, el que estuviera en el avión de observación, que nosotros llamábamos el chivato, el traidor Eutimio Guerra, explicándole a Casillas el lugar donde estábamos: pero así era. La enfermedad de su madre era un pretexto utilizado por él para salir y buscar al asesino Casillas.

Todavía durante algún tiempo más Eutimio Guerra jugó un importante papel negativo en el desarrollo de nuestra guerra de liberación.

Sorpresa en Altos de Espinosa

Después de la sorpresa aérea narrada anteriormente, abandonamos la loma de Caracas tratando de volver sobre nuestros pasos a zonas conocidas, de donde pudiéramos establecer contacto directo con Manzanillo, recibir más ayuda del exterior y comprender un poco mejor la situación existente en el resto del país.

Por ello volvimos, cruzando el Ají, por territorios ya conocidos de todos, hasta llegar a la casa del viejo Mendoza. Los senderos había que abrirlos a machete en el filo de las lomas, desde hacía mucho tiempo no caminadas por el hombre, y era muy lento el avance. La noche la pasamos en una de esas alturas, prácticamente sin comer. Recuerdo todavía, como uno de los grandes banquetes de mi vida, el momento en que el guajiro Crespo se presentó con una lata conteniendo cuatro butifarras, producto de sus ahorros anteriores, diciendo que era para los amigos; el guajiro, Fidel, yo y algún otro, disfrutamos de esa magra ración como de un banquete opíparo. La marcha siguió hasta llegar a la casa, situada a la derecha de Caracas, donde el viejo Mendoza nos prepararía algo de comer; con todo su miedo, pero con lealtad campesina, nos acogía cada vez que pasábamos por allí, respondiendo a las exigencias de amistad de Crescencio Pérez o de algunos otros campesinos amigos que estaban en la tropa.

Para mí fue muy penosa la marcha, pues tuve un ataque de paludismo y fueron el guajiro Crespo y el inolvidable compañero Julio Zenón Acosta los que me ayudaron a recorrer una jornada angustiosa. Al llegar a esos lugares nunca se dormía en las casas; pero mi estado y el del famoso gallego Morán, que siempre encontraba oportunidad de enfermarse, hicieron que nos enviaran a dormir bajo techo mientras la tropa vigilaba en las cercanías, llegando a la casa solo para comer.

Era necesario depurar la guerrilla, pues había un grupo de personas con la moral muy baja y alguno que otro seriamente lesionado; en este último caso estaban el hoy Ministro del Interior Ramiro Valdés, e Ignacio Pérez, un hijo de Crescencio muerto luego gloriosamente con el grado de capitán. Ramirito había sufrido un fuerte golpe en la rodilla, rodilla que a su vez tenía resentida a consecuencia de las heridas recibidas en el Cuartel Moncada, de tal forma que tuvimos que dejarlo. Se fueron algunos otros muchachos cuya retirada fue más bien una ganancia para la tropa. Recuerdo uno al que le dio un ataque de nervios y empezó a gritar, en medio de aquella soledad de monte y guerrilla, que le habían hablado de un campamento con abundante comida y defensa antiaérea y que en vez de eso, los aviones lo acosaban y no tenían lugar fijo, ni comida, ni siquiera agua para tomar. Más o menos, era la impresión de los combatientes los primeros días de vida en campaña. Después, los que quedaran y resistieran las primeras pruebas se acostumbrarían a la suciedad, a la falta de agua, de comida, de techo, de seguridad y a vivir continuamente confiando solo en el fusil y amparados en la cohesión y resistencia del pequeño núcleo guerrillero.

Ciro Frías llegó con algunos compañeros recién incorporados a la guerrilla, trayendo una serie de noticias que hoy nos hacen sonreír, pero que en aquella época nos llenaban de confusas impresiones. Que Díaz Tamayo estaba a punto de dar la voltereta y "tallando" con las fuerzas revolucionarias; que Faustino había podido colectar miles y miles de pesos; en fin, el sabotaje ardía en todo el país y se acercaba el caos para el gobierno. Además, una noticia triste pero aleccionadora: Sergio Acuña, el desertor de días atrás, fue a la casa de unos parientes, allí se puso a relatar a sus primas sus hazañas como guerrillero, lo escuchó un tal Pedro Herrera, lo delató a la guardia, vino el cabo Roselló,[1] lo torturó, le dio cuatro tiros y, al parecer, lo colgó. Esto enseñaba a la tropa el valor de la cohesión y la inutilidad de intentar huir individualmente del destino colectivo; pero, además, nos colocaba ante la necesidad de cambiar de lugar pues, presumiblemente, el muchacho hablaría antes de ser asesinado y él conocía la casa de Florentino, donde estábamos. Hubo un hecho curioso en aquel momento, que solo después atando cabos, hizo la luz en nuestro entendimiento: Eutimio Guerra había manifestado que en un sueño se había enterado de la muerte de Sergio Acuña, y, todavía más, dijo que el cabo Roselló lo había muerto. Esto suscitó una larga discussion filosófica de si era posible la predicción de los acontecimientos por medio de los sueños o no. Era parte de mi tarea diaria hacer explicaciones de tipo cultural o político a la tropa por lo que traté de explicar que eso no era posible, que podía deberse a alguna casualidad muy grande, que todos pensábamos que era posible ese desenlace para Sergio Acuña, que Roselló era el hombre que estaba asolando la zona, etc. Universo Sánchez dio la clave diciendo que Eutimio era un "paquetero", que alguien se lo había dicho, pues éste había salido el día antes y había traído cincuenta latas de leche y una linterna militar. Uno de los que más insistían en la teoría de la iluminación era un guajiro analfabeto de 45 años a quien ya me he referido: Julio Zenón Acosta. Fue mi primer alumno en la Sierra; hacía esfuerzos por alfabetizarse y, en los lugares donde nos deteníamos, le iba enseñando las primeras letras; estábamos en la etapa de identificar la A y la O, la E y la I. Con mucho empeño, sin considerar los años pasados sino lo que quedaba por hacer, Julio Zenón se había dado a la tarea.

Quizás su ejemplo en este año pudiera servir a muchos campesinos, compañeros de él de aquella zona en la época de la guerra o a aquéllos que conozcan su historia. Porque Julio Zenón Acosta fue uno de los grandes compañeros de aquel momento. Era el hombre incansable, conocedor de la zona, el que siempre ayudaba al combatiente en desgracia, al de la ciudad, que todavía no tenía la suficiente fuerza para salir de un atolladero; era el que traía el agua de la lejana aguada, el que hacía el fuego rápidamente, el que encontraba la cuaba necesaria para encenderlo, un día de lluvia; era, en fin, el hombre orquesta de aquellos tiempos.

Una noche Eutimio manifestó que él no tenía manta, que si Fidel le podía prestar una. En la punta de las lomas, en aquel mes de febrero, hacía frío. Fidel le contestó que en esa forma iban a pasar frío los dos, que durmiera él tapándose con las mismas mantas y así los dos abrigos servirían mejor para tapar a ambos. Así fue: Eutimio Guerra pasó toda la noche con Fidel, con una pistola 45, con la cual Casillas le había encomendado matarlo, y un par de granadas con las que tenía que proteger su retirada de lo alto de la loma. Allí nos preguntó a Universo Sánchez y a mí, que en aquella época estábamos siempre cerca de Fidel, por las postas. Nos dijo: "me interesa mucho eso de las guardias; hay que tomar precauciones siempre." Le explicamos que allí cerca había tres hombres de posta; nosotros mismos, los veteranos del Granma y hombres de confianza de Fidel, nos turnábamos toda la noche para protegerlo personalmente. Eutimio pasó esa noche al lado del Jefe de la Revolución, teniendo su vida en la punta de una pistola, esperando la ocasión para asesinarlo, y no se animó a ello; toda la noche, una buena parte de la Revolución de Cuba estuvo pendiente de los vericuetos mentales, de las sumas y restas de valor y miedo, de terror y, tal vez, de escrúpulos de conciencia, de ambiciones de poder y de dinero, de un traidor; pero por suerte para nosotros, la suma de factores de inhibición fue mayor y llegó el día siguiente sin que ocurriera nada.

Ya habíamos salido de casa de Florentino y estábamos en el cañón seco de un arroyo, acampados. Había ido Ciro Frías a su casa, que estaba relativamente cerca, de recorrido, y había traído unas gallinas y alguna comida. Una larga noche de lluvia, soportada casi sin impermeables, se veía compensada a la mañana por un caldo caliente y algunos otros comestibles. Trajeron la noticia de que Eutimio había andado por allí también. Eutimio salía y entraba, era el hombre de confianza, él nos había encontrado en la casa de Florentino y había explicado que, después de su salida para ver a la madre enferma, había visto todo lo que sucedió en Caracas y que había seguido nuestras huellas para ver lo que pasaba, explicó que su mamá estaba bien. Tenía rasgos de audacia extraordinarios; nosotros estábamos en un lugar llamado Altos de Espinosa, muy cerca de una serie de lomas, El Lomón, Loma del Burro, Caracas, que los aviones ametrallaban constantemente. Decía Eutimio con cara de quien predice el futuro: "hoy les dije que ametrallarán la Loma del Burro." Los aviones ametrallaban la Loma del Burro y él saltaba de alegría, festejando su acierto.

El día 9 de febrero de 1957, Ciro Frías y Luis Crespo salieron a las habituales exploraciones en busca de alimentos y todo estaba tranquilo, cuando, a las diez de la mañana, un muchacho campesino llamado Labrada, recientemente incorporado, capturó a una persona que estaba cerca del lugar; resultó ser pariente de Crescencio y dependiente de la tienda de Celestino donde estaba la tropa de Casillas. Nos informó que había ciento cuarenta soldados en esa casa, y efectivamente, desde Nuestra posición se les podía ver en un alto pelado, a lo lejos. Además, el prisionero indicó que había hablado con Eutimio y que éste le había dicho que al día siguiente sería bombardeada la zona. Las tropas de Casillas se movían sin que pudiera precisarse el rumbo en que lo hacían. Fidel entró en sospechas; ya la rara conducta de Eutimio había, por fin, llegado a nuestra conciencia y empezaron las especulaciones; a la 1:30 p.m. Fidel decidió dejar ese lugar y subimos a la punta de la loma, donde esperamos a los compañeros que habían ido de exploración. Al poco rato llegaron Ciro Frías y Luis Crespo; no habían visto nada extraño, todo era normal. Estábamos en esa conversación cuando Ciro Redondo creyó ver alguna sombra moviéndose, pidió silencio y montó su fusil. En ese momento sonó un disparo y luego una descarga. Inmediatamente se llenó el aire de descargas y explosiones provocadas por el ataque concentrado sobre el lugar donde habíamos acampado anteriormente. El campo quedó rápidamente vacío; después me enteré que Julio Zenón Acosta había quedado para siempre en lo alto de la loma. El guajiro inculto, el guajiro analfabeto que había sabido comprender las tareas enormes que tendría la Revolución después del triunfo y que se estaba preparando desde las primeras letras para ello, no podría acabar su labor. Los demás salimos corriendo dispersos; la mochila que era mi orgullo llena de medicamentos, de alguna comida de reserva, de libros y mantas, quedó en el lugar. Alcancé a sacar una manta del Ejército batistiano, trofeo de La Plata, y salí corriendo con ella.

Me reuní al poco rato con un grupo; allí estaban Almeida, Julito Díaz, Universo Sánchez, Camilo Cienfuegos, Guillermo García, Ciro Frías, Motolá, Pesant, Emilio Labrada, Yayo y yo.[2] Tomamos un camino oblicuo tratando de escapar a los disparos y desconociendo la suerte de los otros compañeros. Detonaciones aisladas se escuchaban tras nuestras huellas, fáciles de seguir, pues la velocidad de la carrera impedía borrarlas. A las 5:15 p.m. en mi reloj llegamos a un lugar abrupto en que acababa el monte; tras algunas vacilaciones resolvimos que era mejor esperar la noche allí, pues si cruzábamos de día nos verían; si llegaban tras nuestras huellas la posición permitía la defensa. Sin embargo, no aparecieron y pudimos seguir nuestra ruta con la imprecisa guía de Ciro Frías que conocía algo la región. Se había propuesto la división en dos patrullas para aligerar la marcha y dejar menos rastro, pero Almeida y yo nos opusimos para conservar la integridad de aquel grupo. Reconocimos el lugar, llamado Limones y, después de algunos titubeos, pues algunos compañeros querían alejarse, Almeida, jefe del grupo en razón de su grado de capitán, ordenó seguir hasta El Lomón, que era el lugar de reunión dado por Fidel. Algunos compañeros argumentaban que El Lomón era un lugar conocido por Eutimio y, por tanto, que allí estaría el ejército. Ya no nos cabía, la menor duda de que Eutimio era el traidor, pero la decisión de Almeida fue cumplir la orden de Fidel.

Tras tres días de separación, el 12 de febrero, nos reunimos con Fidel cerca de El Lomón, en un lugar denominado Derecha de la Caridad. Allí ya se tuvo la confirmación de que el traidor era Eutimio Guerra y se nos hizo toda la historia; ella empezaba cuando después de La Plata fuera apresado por Casillas y, este en vez de matarlo, le ofreciera una cantidad de dinero por la vida de Fidel; nos enteramos de que había sido él el que delatara nuestra posición en Caracas, y que, precisamente, él había dado la orden de atacar con la aviación la Loma del Burro porque ese era nuestro itinerario (lo habíamos cambiado a última hora), y también él había organizado el ataque concentrado sobre el pequeño hueco que teníamos de refugio en el cañón del arroyo, del que nos salvamos con una sola baja por la oportuna retirada que ordenara Fidel. Además, se tenía confirmación de la muerte de Julio Acosta y de que un guardia, por lo menos, había muerto y se decía de algunos heridos. Tengo que confesar que ni el muerto ni los heridos pueden cargarse a mi fusil, porque no hice nada más que una "retirada estratégica" a toda velocidad en aquel encuentro. Ahora estábamos de nuevo reunidos, nosotros doce menos Labrada, extraviado un día antes, con el resto del grupo: Raúl, Ameijeiras, Ciro Redondo, Manuel Fajardo, Echevarría, el gallego Morán y Fidel, en total 18 personas; era el "Ejército Revolucionario Reunificado" del día 12 de febrero de 1957.

Algunos compañeros se habían desperdigado, algunos bisoños abandonaron en ese momento la guerrilla y tuvimos la baja de un veterano del Granma; se llamaba Armando Rodríguez y llevaba una ametralladora Thompson; en los últimos días presentaba tal cara de espanto cada vez que oía tiros, en lugares distantes, pero en círculo alrededor de nuestra posición, que luego nosotros bautizamos esa expresión como cara de cerco. Cada vez que en un hombre aparecía la cara de animal poseído por el terror que presentó aquel ex compañero en los días anteriores a Altos de Espinosa, pronosticábamos algún desenlace desagradable; la cara de cerco era incompatible con la vida guerrillera. Cara de cerco puso la tercera, como decíamos en nuestro nuevo lenguaje guerrillero, y apareció su ametralladora en una casa campesina, mucho tiempo después y a mucha distancia de allí; sus piernas eran privilegiadas.

Fin de un traidor

Después de reunido este pequeño ejército, se resolvió dejar la región de El Lomón y dirigirse a otras nuevas; mientras tanto, íbamos haciendo contactos con campesinos de la zona y estableciendo las bases necesarias para nuestra subsistencia. Al mismo tiempo, nos separábamos de la Sierra Maestra y fuimos caminando hacia la zona del llano, hacia lugares donde teníamos que vera la gente de la organización de las ciudades.

Pasamos por un poblado llamado La Montería y después acampamos en un pequeño cayo de monte en las cercanías de un arroyo, finca perteneciente a un señor llamado Epifanio Díaz, cuyos hijos militaban en la Revolución. Nos acercábamos para poder establecer contacto más estrecho con el Movimiento, pues nuestra vida nómada y clandestina hacía imposible un intercambio entre las dos partes del Movimiento 26 de Julio.

Prácticamente, eran dos grupos separados, con tácticas y estrategia diferentes. Todavía no se habían producido las hondas divisiones que meses más tarde pondrían en peligro la unidad del Movimiento, pero ya se veía que los conceptos eran diferentes.

En esa misma finca vimos a las figuras más importantes del Movimiento en la ciudad; entre ellas, tres mujeres conocidas hoy por todo el pueblo de Cuba: Vilma Espín, hoy Presidente de la Federación de Mujeres y compañera de Raúl; Haydée Santamaría, Presidenta de la Casa de las Américas y compañera de Armando Hart y Celia Sánchez, nuestra querida compañera de todos los momentos de la lucha que, un tiempo después, se incorporara definitivamente a las guerrillas para no dejarnos más. Otra figura llegada era Faustino

Pérez, un viejo conocido nuestro, compañero del *Granma*, que había ido a cumplir algunas misiones en la ciudad y retornaba a informar, para seguir en su misión urbana. (Poco después caería preso.) Además conocimos a Armando Hart y para mí fue la única oportunidad de tener contacto con el gran dirigente de Santiago, Frank País.

Frank País era uno de esos hombres que se imponen en la primera entrevista; su semblante era más o menos parecido al que muestran las fotos actuales, pero tenía unos ojos de una profundidad extraordinaria.

Difícil es hoy referirse a un compañero muerto, que se conoció una sola vez y cuya historia está en manos del pueblo. Yo solo podría precisar en estos momentos que sus ojos mostraban enseguida al hombre poseído por una causa, con fe en la misma y además, que ese hombre era un ser superior. Hoy se le llama «el inolvidable Frank País»; para mí que lo vi una vez, es así. Frank es otro de los tantos compañeros cuya vida tronchada en flor hoy hubiera estado dedicada a la tarea común de la Revolución socialista; es parte del duro precio que pagó el pueblo para lograr su libertad.

Nos dio una callada lección de orden y disciplina, limpiando nuestros fusiles sucios, contando las balas y ordenándolas para que no se perdieran. Desde ese día, me hice el propósito de cuidar más mi arma (y lo cumplí, aunque no puedo decir que fuera un modelo de meticulosidad tampoco).

Pero también fue escenario de otros acontecimientos ese pequeño cayo de monte. Por primera vez nos iba a visitar un periodista y ese periodista era extranjero; se trataba del famoso Matthews, que solamente llevó a la conversación una pequeña camarita de cajón, con la que sacó las fotos tan difundidas luego y controvertidas por las manifestaciones estúpidas de un ministro de Batista. El traductor fue en aquella época Javier Pazos, que luego se incorporaría también alas guerrillas, donde permaneció algún tiempo.

Matthews, según me contara Fidel, porque yo no fui testigo presencial de esa entrevista, hizo preguntas concretas y ninguna capciosa, se mostró como un simpatizante de la Revolución. Recuerdo los comentarios de Fidel, cómo él le había contestado afirmativamente la pregunta de si era anti-imperialista y cómo había objetado la entrega de armas a Batista demostrándole que esas armas no serían para la defensa intercontinental, sino solamente para oprimir al pueblo.

La visita de Matthews, naturalmente, fue muy fugaz. Inmediatamente quedamos solos; estábamos listos para marcharnos. Sin embargo nos avisaron que redobláramos la vigilancia, pues Eutimio estaba en los alrededores; rápidamente se le ordenó a Almeida que fuera a tomarlo preso. La patrulla estaba integrada, además, por Julito Díaz, Ciro Frías, Camilo Cienfuegos y Efigenio Ameijeiras. Ciro Frías fue el encargado de dominarlo, tarea muy sencilla, y fue traído a presencia nuestra donde se le encontró una pistola 45, 3 granadas y un salvoconducto de Casillas. Naturalmente, después de verse preso y de habérsele encontrado esas pertenencias, ya no le cupo duda de su suerte. Cayó de rodillas ante Fidel, y simplemente pidió que lo mataran. Dijo que sabía que merecía la muerte. En aquel momento parecía haber envejecido, en sus sienes se veía un buen número de canas, cosa que nunca había notado antes. Este momento era de una tensión extraordinaria. Fidel le increpó duramente su traición y Eutimio quería solamente que lo mataran, reconociendo su falta. Para todos los que lo vivimos es inolvidable aquel momento en que Ciro Frías, compadre suyo, empezó a hablarle; cuando le recordó todo lo que había hecho por él, pequeños favores que él y su hermano hicieron por la familia de Eutimio, y cómo éste había traicionado, primero haciendo matar al hermano de Frías —denunciado por Eutimio y asesinado por los guardias unos días antes— y luego tratando de exterminar a todo el grupo. Fue una larga y patética declamación que Eutimio escuchó en silencio con la cabeza gacha: Se le preguntó si quería algo, y él contestó que sí, que quería que la Revolución, o, mejor dicho, que nosotros nos ocupáramos de sus hijos.

La Revolución cumplió. El de Eutimio Guerra es un nombre que ahora resurge al recuerdo de estas notas, pero que ya ha sido olvidado quizás hasta por sus hijos; éstos van con otro nombre a una de las tantas escuelas y reciben el tratamiento de todos los hijos del pueblo, preparándose para una vida mejor, pero algún día tendrán que saber que su padre fue ajusticiado por el poder revolucionario debido a su traición. También es de justicia que sepan que aquel campesino que se dejó tentar por la corrupción e intentó cometer una felonía impulsado por el afán de gloria y dinero, además de reconocer su falta, de no pedir ni por asomo una clemencia que sabía no merecía, se acordó en el último minuto de sus hijos y para ellos pidió un trato benevolente y la preocupación de nuestro jefe.

En esos minutos se desató una tormenta muy fuerte y oscureció totalmente: en medio de un aguacero descomunal, cruzado el cielo por relámpagos y por el ruido de los truenos, al estallar uno de estos rayos con su trueno consiguiente en la cercanía, acabó la vida de Eutimio Guerra sin que ni los compañeros cercanos pudieran oír el ruido del disparo. Al día siguiente, lo enterramos allí mismo y hubo un pequeño incidente que recuerdo. Manuel Fajardo quiso ponerle una cruz y yo me negué porque era muy peligroso para los dueños de la hacienda que quedara ese testimonio del ajusticiamiento. Entonces grabó sobre uno de los árboles cercanos una pequeña cruz. Y esa es la señal que indica dónde están enterrados los restos del traidor.

El gallego A. Morán se separó de nosotros en esos momentos, él sabía lo poco que lo apreciábamos ya, y todos lo considerábamos un desertor en potencia (había desaparecido dos o tres días con el pretexto que había corrido tras las huellas de Eutimio y se perdiera en el monte).

En el momento que nos aprestábamos a partir sonó un disparo y encontramos a Morán con la pierna atravesada por una bala. Los compañeros que estaban cerca sostuvieron, en esos días, enconadas discusiones, pues unos decían que el tiro fue casual y otros que se lo dio paran o seguir.

La historia posterior de Morán, con su traición y su muerte a manos de los revolucionarios en Guantánamo, indica que muy probablemente se dio el tiro intencionalmente. Al salir, quedó Frank País en mandar un grupo de hombres para los primeros días del mes de marzo siguiente; el punto de reunión sería la casa de Epifanio Díaz en las cercanías del Jíbaro.

Días amargos

Los días siguientes a nuestra salida de la casa de Epifanio Díaz marcan para mí, personalmente, la etapa más penosa de la guerra. Estas notas tratan de dar una idea de lo que fue para el total de los combatientes la primera parte de nuestra lucha revolucionaria; si en este pasaje de los recuerdos tengo que referirme, más que en el resto, a mi participación personal, es porque tiene conexión con los siguientes episodios y no era posible desligarlos sin que se perdiera unidad en el relato. Después de la salida de la casa de Epifanio, nuestro grupo revolucionario se componía de 17 hombres del ejército primigenio y tres nuevos compañeros incorporados: Gil, Sotolongo y Raúl Díaz. Estos tres compañeros llegaron en el Granma, habían estado escondidos durante cierto tiempo en las cercanías de Manzanillo y, al conocer de nuestra existencia, decidieron incorporarse al grupo. Su historia era la misma de todos nosotros; habían podido evadir la persecución de los guardias, refugiarse en la casa de un campesino, después en la de otro, llegar a Manzanillo y ocultarse. Ahora unían su suerte a la de toda la columna. En esta época, como se ve, era muy difícil incrementar nuestro ejército; venían algunos hombres nuevos, pero se iban otros; las condiciones físicas de la lucha eran muy duras, pero las condiciones morales lo eran mucho más todavía y se vivía bajo la impresión del continuo asedio.

En aquellos momentos caminábamos sin rumbo fijo y a marcha lenta, escondidos en pequeños cayos de monte, en una zona donde ya la ganadería ha avanzado sobre la vegetación y apenas quedan restos pequeños de monte. Una de esas noches, en la pequeña radio de Fidel escuchábamos la noticia de la captura de uno de los compañeros del Granma, que se había retirado con Crescencio Pérez. Nosotros teníamos ya noticias de que había sido apresado, por confesión de Eutimio, pero no se había dado la información oficial; al conocerla pudimos percatarnos de que vivía. No siempre se podía salir con vida del interrogatorio del ejército de Batista. A cada rato se oían, en distintas regiones, disparos de ametralladoras hechos por los guardias contra los cayos de monte donde, por lo general, si bien tiraba abundante parque, no penetraba la tropa enemiga. En mi diario de campaña anotaba, el día 22 de febrero, que tenía los primeros síntomas de lo que podía ser un fuerte ataque de asma, porque me faltaba mi líquido antiasmático. La fecha del nuevo contacto era el 5 de marzo, de modo que teníamos que esperar unos días.

Caminábamos muy lentamente, no teníamos un rumbo fijo y estábamos, simplemente, haciendo tiempo para que llegara la nueva fecha del 5 de marzo, día en que Frank País nos debía enviar el grupo de hombres armados. Se había resuelto fortalecer nuestro pequeño frente antes de aumentarlo en número y, por lo tanto, todas las armas disponibles en Santiago debían subir a la Sierra Maestra.

Una jornada nos tomó el amanecer sobre la margen de un pequeño riachuelo donde casi no había vegetación; pasamos un precario día en aquel lugar, en un valle cercano a Las Mercedes, que creo se llama La Majagua (los nombres son ahora un poco imprecisos en mi memoria) y llegamos por la noche a la casa del viejo Emiliano, otro de los tantos campesinos que en aquella época recibían un enorme susto al vernos, pero se jugaban la vida por nosotros, valientemente, y contribuían con su trabajo al desarrollo de nuestra Revolución. Era época de lluvia en la Sierra y todas las noches nos empapábamos por lo que llegábamos a las casas campesinas, desafiando el peligro, pues la zona estaba infectada de guardias.

El asma era tan fuerte que no me dejaba avanzar bien y tuvimos que dormir en un pequeño cayo de café, cercano a una casa campesina, donde restablecimos fuerzas. Ese día que estoy narrando, 27 o 28 de febrero, se había levantado la censura en el país y la radio daba continuamente noticias de todo lo ocurrido durante los meses transcurridos. Se hablaba de los actos terroristas y de la entrevista de Matthews con Fidel: en aquel momento el Ministro de Defensa hizo su famosa afirmación de que la entrevista de Matthews era una patraña y el reto a que se publicara la foto.

Hermes era un guajiro hijo del viejo Emiliano y fue el compañero que en aquellos momentos nos ayudaba con comidas y nos indicaba, por lo menos, la ruta que debíamos seguir. Pero por la mañana del día 28 no efectuó su habitual recorrido y Fidel ordenó inmediatamente evacuar el lugar y posesionarnos en otro punto donde dominábamos los caminos de la zona, pues no se sabía lo que pasaría. Como a las 4 de la tarde, Luis Crespo y Universo Sánchez estaban mirando los caminos y este último, por la ruta que lleva a Las Vegas vio una numerosa tropa de soldados que venían caminando precisamente para ocupar el firme. Había que correr rápidamente para llegar al borde de la loma y cruzar al otro lado antes de que las tropas nos cortaran el paso; no era una tarea difícil, dado que los habíamos visto con tiempo. Ya empezaban los morteros y las ametralladoras a sonar en dirección a donde estábamos, lo que probaba que había conocimiento por parte del ejército batistiano de nuestra presencia allí. Todos pudieron fácilmente llegar a la cumbre y sobrepasarla, pero para mí fue una tarea tremenda. Pude llegar, pero con un ataque tal de asma que, dar un paso era tarea difícil. Recuerdo los trabajos que pasaba para ayudarme a caminar el guajiro Crespo; cuando yo no podía más y pedía que me dejaran, el guajiro, con el léxico especial de nuestras tropas, me decía: "Argentino de... vas a caminar o te llevo a culatazos." Además de decir esto cargaba con todo su peso, con el de mi propio cuerpo y el de mi mochila para ir caminando en las difíciles condiciones de la loma, con un diluvio sobre nuestras espaldas.

Llegamos así a un pequeño bohío, enterándonos de que estábamos en el lugar llamado Purgatorio. Allí Fidel pasó como el comandante González, del ejército de Batista, que estaba buscando a los alzados. El dueño de la casa, fríamente cortés, nos la ofreció y nos atendió; pero había otro habitante, un amigo de un bohío cercano que era de una guataquería extraordinaria. Mi estado físico me impidió gozar el sabrosísimo diálogo de Fidel, en su papel de comandante González, del ejército de Batista, y el guajiro que le daba consejos y hablaba de por qué ese muchacho, Fidel Castro, estaba en la loma tirando tiros. Había que tomar alguna decisión, pues me era imposible seguir. Cuando se fue el indiscreto vecino, Fidel le dijo al dueño de la casa quién era. El hombre lo abrazó inmediatamente, diciéndole que era ortodoxo, que seguía siempre a Chibás y que podía ordenar. En aquel momento había que enviar al campesino a Manzanillo y establecer contacto; por lo menos, comprar las medicinas; y había que dejarme cerca de la casa sin que supiera ni siquiera la mujer de él, que yo estaba allí. El último combatiente incorporado a la tropa, un hombre de dudosa moralidad pero muy fuerte, me fue asignado como compañero. Fidel, en un gesto de desprendimiento, me dio un fusil Johnson de repetición, una de las joyas de nuestra guerrilla, para defendernos. Hicimos el amago de salir todos juntos en una dirección y a los pocos pasos este compañero (al que llamábamos El maestro) y yo nos internamos en el monte, en el lugar convenido, esperando los acontecimientos. Las noticias de aquel día fueron que Matthews había hablado por teléfono y había anunciado que se publicarían las famosas fotos. Díaz Tamayo había anunciado que no podía ser, que nadie podía cruzar el cerco de tropas. Armando Hart estaba preso, acusado de ser el segundo jefe del Movimiento. Era el 28 de Febrero.

El campesino cumplió el encargo y me proveyó de adrenalina sufi ciente. De ahí en adelante pasaron diez de los días más amargos de la lucha en la Sierra. Caminando apoyándome de árbol en árbol y en la culata del fusil, acompañado de un soldado amedrentado que temblaba cada vez que se iniciaba un tiroteo y sufría un ataque de nervios cada vez que mi asma me obligaba a toser en algún punto peligroso, fuimos haciendo lo que constituía poco más de una jornada de camino para llegar en diez largos días a casa de Epifanio nuevamente. La fecha convenida para el encuentro era el 5 de marzo, pero fue imposible estar. El cerco de los soldados en la zona y la imposibilidad de los movimientos rápidos, hicieron que solamente el día 11 de marzo apareciéramos en la hospitalaria casa de Epifanio Díaz.

Habían pasado algunos acontecimientos conocidos ya por los habitantes de la casa. El grupo de 18 hombres de Fidel se había separado por un error al pensar que iban a ser atacados nuevamente por los guardias, en el lugar llamado Altos de Meriño; doce hombres habían seguido con Fidel y seis con Ciro Frías. Después, Ciro Frías había caído en una emboscada, aunque salieron ilesos todos ellos y se encontraban bien en las inmediaciones. Solamente uno, Yayo, que volvía sin su fusil, había pasado por la casa de Epifanio Díaz rumbo a Manzanillo; por él nos enteramos de todo. Además, ya estaba lista la tropa que debía mandar Frank, aunque éste se encontraba preso en Santiago. Tuvimos una entrevista con el jefe de la tropa; se llamaba Jorge Sotús y traía el grado de capitán. No pudo llegar el día 5, pues se había fi ltrado la noticia y los caminos estaban completamente custodiados. Establecimos todas las medidas para que se produjera rápidamente la llegada de los hombres cuyo número giraba alrededor de cincuenta.

El refuerzo

El día 13 de marzo, mientras esperábamos a la nueva tropa revolucionaria, escuchamos por radio la noticia de que se había intentado asesinar a Batista y se daban los nombres de algunos de los patriotas muertos en el asalto. En primer lugar, José Antonio Echeverría, líder de los estudiantes, y después otros, como el de Menelao Mora. También personas ajenas al suceso caerían; al día siguiente se sabía que Pelayo Cuervo Navarro, luchador de la ortodoxia que había mantenido una actitud erecta frente a Batista, era asesinado y su cuerpo arrojado en el aristocrático rincón del Country Club conocido por El Laguito. Es bueno apuntar, como extraña paradoja, que los asesinos de Pelayo Cuervo Navarro y los hijos del muerto, vinieron juntos en la fracasada invasión de Playa Girón para "liberar" a Cuba del "oprobio comunista".

En medio de la cortina de la censura se escapaban algunos detalles del fracasado ataque que el pueblo de Cuba recuerda bien. Personalmente, no había conocido al líder estudiantil pero sí a sus compañeros, en México, en ocasión del acuerdo para la acción común a que llegaron el 26 de Julio y el Directorio Estudiantil. Estos compañeros eran: el comandante Faure Chomón, Fructuoso Rodríguez y Joe Westbrook, todos ellos participantes en el ataque.

Como se recordará, solo faltó un poco de impulso para llegar al tercer piso donde estaba el dictador, pero lo que pudo ser un golpe exitoso se convirtió en una masacre de todo el que no pudo salir a tiempo de la ratonera en que se convirtió el Palacio Presidencial.

Para el día 15 estaba anunciado el arribo del refuerzo; esperamos largas horas en el lugar convenido, en el cañón de un arroyo donde el camino se hunde y era fácil trabajar oculto, pero no llegó nadie. Después nos explicaron que hubo algunos inconvenientes. El día 16, al amanecer, llegó la tropa, apenas pudo caminar unos pasos y llegar a un cayo del monte para esperar el día dado su estado de cansancio. El dueño de los camiones era un arrocero de la zona que, atemorizado por las implicaciones del hecho, se asiló y fue a Costa Rica de donde vino convertido en héroe en el avión que trajera unas armas desde ese país; su nombre: Hubert Matos.

Unos cincuenta hombres era el refuerzo, de los cuales solamente una treintena estaba armada; venían dos fusiles ametralladora, un Madzen y un Johnson. En los pocos meses vividos en la Sierra, nos habíamos convertido en veteranos y veíamos en la nueva tropa todos los defectos que tenía la original del Granma: falta de disciplina, falta de acomodo a las difi cultades mayores, falta de decisión, incapacidad de adaptarse todavía a esta vida. El grupo de cincuenta estaba dirigido por Jorge Sotús, con el grado de capitán, y dividido en cinco escuadras de diez hombres cada una cuyo jefe era un teniente; estos grados estaban dados por la organización del llano y pendientes de ratifi cación. Las escuadras eran dirigidas por un compañero de apellido Domínguez, muerto en Pino del Agua poco tiempo después; el compañero René Ramos Latour, muerto heroicamente en combate, en las postrimerías de la ofensiva fi nal de la dictadura, organizador de las milicias en el llano; Pedrín Soto, nuestro viejo compañero del Granma, que al fi n se lograba incorporar a nosotros, muerto también en combate y ascendido póstumamente a comandante por Raúl Castro, en el Segundo Frente Oriental "Frank País"; además, el compañero Pena, estudiante santiaguero que alcanzó el grado de comandante y pusiera fi n a su vida después de la Revolución y el teniente Hermo, único jefe de grupo sobreviviente en la actualidad.

De todos los problemas que había, uno de los mayores era la falta de capacidad para caminar; el jefe, Jorge Sotús, era uno de los que peor lo hacía y se quedaba constantemente atrás dando un mal ejemplo para la tropa; además, se me había ordenado que me hiciera cargo de esta tropa, pero al hablar de ello con Sotús me manifestó que él tenía órdenes de entregarla a Fidel y que no la podía entregar antes a nadie, que seguía siendo el jefe, etc., etc. En aquella época, todavía yo sentía mi complejo de extranjero, y no quise extremar las medidas, aunque se veía un malestar muy grande en la tropa. Después de caminatas muy cortas pero que se hacían larguísimas por el estado deficiente de preparación, llegamos a un lugar en La Derecha donde debíamos esperar a Fidel Castro. Allí estaba el pequeño grupo de compañeros que se había separado de Fidel, anteriormente; Manuel Fajardo, Guillermo García, Juventino, Pesant, tres hermanos Sotomayor, Ciro Frías y yo.

En esos días se notaba la diferencia enorme entre los dos grupos: el nuestro, disciplinado, compacto, aguerrido; el de los bisoños, padeciendo todavía las enfermedades de los primeros tiempos; no estaban acostumbrados a hacer una sola comida al día y si no sabía bien la ración no la comían. Traían los bisoños sus mochilas cargadas de cosas inútiles y al pesarles demasiado en las espaldas preferían, por ejemplo, entregar una lata de leche condensada a deshacerse de una toalla (crimen de lesa guerrilla), y allí aprovechábamos para cargar las latas y todos los alimentos que dejaran en el camino. Después de instalados en La Derecha hubo una situación muy tensa provocada por las fricciones constantes entre Jorge Sotús, espíritu autoritario y sin don de gentes, y la tropa en general; tuvimos que tomar precauciones especiales y René Ramos, cuyo nombre de guerra era Daniel, quedó encargado de la escuadra de ametralladora en la salida de nuestro refugio para que existiera una garantía de que no sucedería nada.

Tiempo después, Jorge Sotús era enviado en misión especial a Miami. Allí traicionó la Revolución aliándose a Felipe Pazos, cuya desmedida ambición de poder le hizo olvidar sus compromisos, y postularse como presidente provisional en un "cocinado" donde el Departamento de Estado jugó un importante papel.

Con el tiempo, el capitán Sotús dio señales de querer rehabilitarse y Raúl Castro le dio la oportunidad que esta Revolución no negó a nadie. Sin embargo, empezó a conspirar contra el Gobierno Revolucionario y fue condenado a veinte años de prisión, pudiendo escapar gracias a la complicidad de uno de sus carceleros que huyó con él a la guarida ideal de los gusanos: Estados Unidos.

En aquel momento, sin embargo, tratamos de ayudarlo lo más posible, de limar las asperezas con los nuevos compañeros y de explicarle las necesidades de la disciplina. Guillermo García fue a buscar en la zona de Caracas a Fidel, mientras yo hacía un pequeño recorrido para recoger a Ramiro Valdés, repuesto a medias de su lesión en la pierna. El día 24 de marzo, por la noche, llegó Fidel; fue impresionante su arribo con los doce compañeros que en ese momento se mantenían firmes a su lado. Era notable la diferencia entre la gente barbuda, con sus mochilas hechas de cualquier cosa y atadas como pudieran y los nuevos soldados con sus uniformes todavía limpios, mochilas iguales y pulcras y las caras rasuradas. Expliqué a Fidel los problemas que habíamos afrontado y se estableció un pequeño consejo para decidir la actitud futura. Estaba integrado por el mismo Fidel, Raúl, Almeida, Jorge Sotús, Ciro Frías, Guillermo García, Camilo Cienfuegos, Manuel Fajardo y yo. Allí se criticó por parte de Fidel mi actitud al no imponer la autoridad que me había sido conferida y dejarla en manos del recién llegado Sotús, contra quien no se tenía ninguna animosidad, pero cuya actitud, a juicio de Fidel, no debió haberse permitido en aquel momento. Se formaron también los nuevos pelotones, integrándose toda la tropa para formar tres grupos a cargo de los capitanes Raúl Castro, Juan Almeida y Jorge Sotús; Camilo Cienfuegos mandaría la vanguardia y Efi genio Ameijeiras, la retaguardia; mi cargo era de médico en el Estado Mayor, Universo Sánchez era el jefe de la escuadra asignada a la comandancia.

Nuestra tropa adquiría una nueva prestancia con esta cantidad de hombres incorporados y, además, teníamos ya dos fusiles ametralladora, aunque de dudosa efi cacia por lo viejos y maltratados; sin embargo, ya éramos una fuerza considerable. Se discutió qué podíamos hacer inmediatamente; mi opinión fue atacar el primer puesto para templar en la lucha a los compañeros nuevos, pero Fidel y todos los demás miembros del consejo estimaron mejor hacerlos marchar durante un tiempo para que se habituaran a los rigores de la vida en la selva y las montañas y a las caminatas entre cerros abruptos. Fue así como se decidió salir en dirección Este y caminar lo más posible buscando la oportunidad de sorprender algún grupo de guardias, después de tener una elemental escuela práctica de guerrillas.

La tropa se preparó con gran entusiasmo y salió a cumplir la tarea que le correspondía y cuyo bautizo de sangre sería El Uvero.

Adquiriendo el temple

Los meses de marzo y abril de 1957 fueron de reestructura-
ción y aprendizaje para las tropas rebeldes. Después de recibido el refuerzo al partir del lugar denominado La Derecha,
nuestro ejército tenía unos 80 hombres y estaba formado así:

La vanguardia, dirigida por Camilo, tenía cuatro hombres. El pelotón siguiente lo llevaba Raúl Castro y tenía tres
tenientes con una escuadra cada uno; eran éstos, Julito Díaz,
Ramiro Valdés y Nano Díaz. Estos dos compañeros, Díaz de
apellido, que murieron heroicamente en El Uvero, no tenían
ningún parentesco entre sí. Uno de ellos era natural de Santiago; la refinería Hermanos Díaz, en esa ciudad, se honra
con ese nombre en recuerdo de Nano y otro hermano que
cayera en Santiago de Cuba. El otro, un compañero de Arte-
misa, veterano del Granma y del Moncada, que cumplió su
último deber en el ataque a Uvero. Con Jorge Sotús, capitán
a la sazón, iban de tenientes Ciro Frías, muerto luego en el
frente Frank País; Guillermo García, Jefe del Ejército de Occidente en la actualidad y René Ramos Latour, muerto con
el grado de comandante en la Sierra Maestra. Después venía
el Estado Mayor o Comandancia, que estaba integrada por
Fidel, Comandante en Jefe; Ciro Redondo; Manuel Fajardo,
hoy comandante del Ejército; el guajiro Crespo, comandante;
Universo Sánchez, hoy comandante y yo, como médico.

El pelotón que habitualmente seguía, en la marcha lineal
de la columna, era el de Almeida, capitán en esa época cuyos tenientes eran Hermo, Guillermo Domínguez, muerto en
Pino del Agua, y Peña. Efigenio Ameijeiras, con el grado de
teniente, contres hombres, cerraban la marcha y hacían la
retaguardia.

La gente empezaba a aprender a cocinar por escuadras, pues nuestro grupo combativo era de esa dimensión, detal modo que se distribuían los alimentos, la medicina y el parque, en esa forma. Más a menos en todas las escuadras, y, en todo caso, en todos los pelotones, había veteranos que enseñaban a los nuevos el arte de cocinar, de sacarle el máximo provecho a los alimentos; el arte de acondicionar mochilas y la forma de caminar en la Sierra.

El camino entre la zona de La Derecha, del Lomón y Uvero puede hacerse en algunas horas de automóvil, pero para nosotros significó meses de camino lento, con precauciones, llevando la misión fundamental de preparar a la gente para los combates y la vida posterior. Fue así como pasamos nuevamente por Altos de Espinosa, donde los viejos hicimos una guardia de honor ante la tumba de Julio Zenón, caído algún tiempo antes. Allí encontré un pedazo de mi frazada, todavía prendido en las zarzas como recuerdo de la «retirada estratégica» a toda velocidad. Lo metí en mi mochila, haciéndomela firme proposición de no perder nunca más un equipo en esa forma.

Se me fió un nuevo compañero —Paulino se llamaba— como ayudante para cargar las medicinas, de tal manera que mi tarea estaba un poco aliviada y podía dedicarme durante algunos minutos en el día, después de las caminatas, a atender la salud de nuestra tropa. Volvimos a pasar por la Loma de Caracas, donde tan desagradable encuentro habíamos tenido con la aviación enemiga gracias a la traición de Guerra y encontramos un fusil de aquellos que sobraban y que algún soldado nuestro dejara en la retirada para marcharse mejor. Ya no le sobraban fusiles a la tropa; al contrario, le faltaban. Estábamos en una nueva época. Se había producido un cambio cualitativo; había toda una zona donde el ejército enemigo trataba de no incursionar para no topar con nosotros, aunque es cierto que nosotros tampoco demostrábamos todavía mucho interés en chocar con ellos. La situación política por aquellos momentos estaba llena de matices de oportunismo. Los conocidos vozarrones de Pardo Llada, Conte Agüero y otras auras de la misma calaña, abundaban en exabruptos demagógicos, llamando a la concordia y a la paz y, tímidamente, criticando al gobierno. Había hablado el gobierno de paz; el nuevo primer Ministro, Rivero Agüero, manifestaba que iría, si fuera necesario, a la Sierra Maestra para lograr pacificar el país. Sin embargo, pocos días después, Batista manifestó que no era necesario hablar con Fidel o con los alzados; que Fidel Castro no estaba en la Sierra, decía, y que allí no había nadie; por lo tanto, no había porqué hablar «con un grupo de forajidos» .

Así se manifestaba por la parte batistiana la voluntad de seguir la lucha, única cosa en que nos poníamos fácilmente de acuerdo, pues también era nuestra decisión la de continuarla a todo trance. En esos días nombraban Jefe de Operaciones al coronel Barrera, muy conocido por su gula para con las raciones de los soldados, el que después viera extinguirse el fenómeno batistiano tranquilamente, desde Caracas, la capital de Venezuela, donde era agregado militar.

Teníamos por aquel momento unas figuras simpáticas que sirvieron para la propaganda, casi comercial, de nuestro movimiento, en los Estados Unidos, y que nos trajeron, dos de ellos sobre todo, algunos inconvenientes. Eran los tres muchachos yanquis escapados a sus padres de la Base Naval de Guantánamo, que se habían incorporado a la lucha. Dos de ellos nunca oyeron un tiro en la Sierra y, agotados por el clima y las privaciones, bastante grandes, se retiraron llevados por el periodista Bob Taber. El otro participó en la batalla de Uvero y después se retiró también, enfermo, pero actuó en un combate. Los muchachos, ideológicamente, no estaban preparados para una revolución y, simplemente, saciaron su afán de aventuras en nuestra compañía durante algunos meses. Los vimos ir con afecto, pero también con alegría. Sobre todo yo, personalmente, pues en mi calidad de médico caían frecuentemente sobre mis espaldas debido a que no aguantaban los rigores de la vida de aquella época.

En aquellos mismos días, el gobierno paseó, en un avión del ejército, a varios miles de metros de altura, a los periodistas, demostrándoles que no había nadie en la Sierra Maestra. Fue una curiosa operación que no convenció a nadie y una demostración de la forma que utilizaba el gobierno batistiano para engañar a la opinión pública con la ayuda de todos los Conte Agüero disfrazados de revolucionarios que hablaban cotidianamente, engañando al pueblo. Durante estos días de prueba, a mí me llegó por fin la oportunidad de una hamaca de lona. La hamaca es un bien preciado que no había conseguido antes por la rigurosa ley de la guerrilla que establecía dar las de lona a los que ya se habían hecho su hamaca de saco, para combatir la haraganería. Todo el mundo podía hacerse una hamaca de saco, y, el tenerla, le daba derecho a adquirir la próxima de lona que viniera. Sin embargo, no podía yo usar la hamaca de saco debido a mi afección alérgica; la pelusa me afectaba mucho y me veía obligado a dormir en el suelo. Al no tener la de saco, no me correspondía la de lona. Estos pequeños actos cotidianos son la parte de la tragedia individual de cada guerrilla y de su uso exclusivo; pero Fidel se dio cuenta y rompió el orden para adjudicarme una hamaca. Siempre me acuerdo que fue en las orillas del río La Plata, subiendo ya las últimas estribaciones para llegar a Palma Mocha y un día después de comer nuestro primer caballo.

El caballo fue más que un alimento de lujo, especie de prueba de fuego de la capacidad de adaptación de la gente. Los guajiros de nuestra guerrilla, indignados, se negaron a comer su ración de caballo, y algunos consideraban casi un asesino a Manuel Fajardo, cuyo oficio en la paz, matarife, era utilizado en acontecimientos como este cuando sacrificó el primer animal.

Este primer caballo perteneció a un campesino llamado Popa, del otro lado del río La Plata. Popa debe ya saber leer, después de esta campaña de alfabetización, y podrá entonces, si llega a sus manos la revista Verde Olivo, recordar aquella noche en que tres guerrilleros patibularios golpearon las puertas de su bohío, lo confundieron además, injustamente, con un chivato y le quitaron aquel caballo viejo, con grandes mataduras en el lomo, que fuera nuestra pitanza horas después y cuya carne constituyera un manjar exquisito para algunos y una prueba para los estómagos prejuiciados de los campesinos, que creían estar cometiendo un acto de canibalismo, mientras masticaban al viejo amigo del hombre.

Una entrevista famosa

A mediados de abril de 1957, volvíamos con nuestro ejército en entrenamiento a las regiones de Palma Mocha, en la vecindad del Turquino. Por aquella época nuestros hombres más valiosos para la lucha en la montaña eran los de extracción campesina.

Guillermo García y Ciro Frías, con patrullas de campesinos, iban y venían de uno a otro lugar de la Sierra, trayendo noticias, haciendo exploraciones, consiguiendo alimentos; en fin, constituían las verdaderas vanguardias móviles de nuestra columna. Por aquellos días, estábamos nuevamente en la zona del Arroyo del Infierno, testigo de uno de nuestros combates y los campesinos que venían a saludarnos nos enteraban de toda la tragedia ocurrida anteriormente; de quien había sido el hombre que había llevado directamente los guardias a presencia nuestra, de los muertos que había; en fin, los campesinos duchos en el arte de traspasar la noticia oral, nos informaban ampliamente de toda la vida de la zona.

Fidel, que en esos momentos estaba sin radio, pidió uno a un campesino de la zona que se lo cedió, y así podíamos escuchar, en un radio grande transportado en la mochila de un combatiente, las noticias directas de La Habana. Se volvía a hablar más claramente por radio dado el restablecimiento de las llamadas garantías.

Guillermo García con un atuendo tremendo de cabo del ejército batistiano y dos compañeros disfrazados de soldados, fueron a buscar al chivato que guiara al ejército enemigo, «de orden del Coronel» y con él volvieron al día siguiente. El hombre había venido engañado, pero cuando vio el ejército andrajoso ya supo lo que le esperaba. Con gran cinismo nos contó todo lo relativo a sus relaciones con el ejército y cómo le había dicho al «cabrón de Casillas», según sus palabras, que él podía agarrarnos perfectamente y que llevaba al ejército donde estábamos, pues ya nos había espiado; sin embargo, no le hicieron caso.

Un día de aquellos, en una de aquellas lomas, murió el chivato y en un firme de la Maestra quedó enterrado. En esos días, llegó un mensaje de Celia donde hacía el anuncio de que vendría con dos periodistas norteamericanos para hacer una entrevista a Fidel, con el pretexto de los gringuitos. Y además, enviaba algún dinero recogido entre los simpatizantes del Movimiento.

Se resolvió que Lalo Sardiñas trajera a los norteamericanos por la zona de Estrada Palma, que conocía bien como antiguo comerciante de la zona. En esos momentos nosotros dedicábamos nuestro tiempo a la tarea de hacer contacto con campesinos que sirvieran de enlace y que pudieran mantener campamentos permanentes, donde se pudieran crear centros de contacto con la zona que ya se estaba agrandando; así íbamos localizando las casas que servían de abastecimiento a nuestras tropas, y allí instalábamos los almacenes de donde se trasladaban los abastecimientos según nuestros requerimientos. Estos lugares servían también de postas para las rápidas diligencias humanas que se trasladaban por el filo de la Maestra de un lugar a otro de la Sierra.

Los caminadores de la Sierra demuestran una capacidad extraordinaria para cubrir distancias larguísimas en poco tiempo y de ahí que, constantemente, nos viéramos engañados por sus afirmaciones, allí a media hora de camino, «al cantío de un gallo», como se ha caricaturizado en general este tipo de información que casi siempre para los guajiros resulta exacta, aunque sus nociones sobre el reloj y lo que es una hora no tiene mayor parecido con la del hombre de la ciudad.

Tres días después de la orden dada a Lalo Sardiñas, llegaron noticias de que venían subiendo seis personas por la zona de Santo Domingo; estas personas eran dos mujeres, dos gringos, los periodistas, y dos acompañantes que no se sabía quiénes eran; sin embargo, los datos que llegaban eran contradictorios, se decía que los guardias habían tenido noticias de su presencia por un chivato y que habían rodeado la casa donde estaban. Las noticias van y vienen con una extraordinaria rapidez en la Sierra, pero se deforman también. Camilo salió con un pelotón con orden de liberar de todas maneras a los norteamericanos y a Celia Sánchez, que sabíamos venía en el grupo. Llegaron, sin embargo, sanos y salvos; la falsa alarma se debió a un movimiento de guardias provocado por una denuncia que en aquella época era fácil que se produjera por parte de los campesinos atrasados.

El día 23 de abril, el periodista Bob Taber, y un camarógrafo llegaban a nuestra presencia; junto a ellos venían las compañeras Celia Sánchez y Haydée Santamaría y los enviados del Movimiento en el llano, Marcos o Nicaragua, el comandante Iglesias, hoy gobernador de Las Villas y en aquella época encargado de acción en Santiago y Marcelo Fernández, que fue coordinador del Movimiento y actualmente vicepresidente del Banco Nacional, como intérprete por sus conocimientos del inglés.

Aquellos días se pasaron protocolarmente tratando de demostrar a los norteamericanos nuestra fuerza y tratando de eludir cualquier pregunta demasiado indiscreta; no sabíamos quiénes eran los periodistas; sin embargo, se realizaron las entrevistas con los tres norteamericanos que respondieron muy bien a todas las preguntas según el nuevo espíritu que habían desarrollado en esa vida primitiva a nuestro lado, aún cuando no pudieran aclimatarse a ella y no tenían nada de común con nosotros.

En aquellos días se incorporó también uno de los más simpáticos y queridos personajes de nuestra guerra revolucionaria, El Vaquerito. El Vaquerito, junto con otro compañero, nos encontró un día y manifestó estar más de un mes buscándonos, dijo ser camagüeyano, de Morón, y nosotros, como siempre se hacía en estos casos, procedimos a su interrogatorio y a darle un rudimento de orientación política, tarea que frecuentemente me tocaba. El Vaquerito no tenía ninguna idea política ni parecía ser otra cosa que un muchacho alegre y sano, que veía todo esto como una maravillosa aventura. Venía descalzo y Celia Sánchez le prestó unos zapatos que le sobraban, de manufactura o de tipo mexicano, grabados. Estos eran los únicos zapatos que le servían a El Vaquerito dada su pequeña estatura. Con los nuevos zapatos y un gran sombrero de guajiro, parecía un vaquero mexicano y de allí nació el nombre de El Vaquerito.

Como es bien sabido El Vaquerito no pudo ver el final de la lucha revolucionaria, pues siendo jefe del pelotón suicida de la columna 8, murió un día antes de la toma de Santa Clara. De su vida entre nosotros recordamos todos su extraordinaria alegría, su jovialidad ininterrumpida y la forma extraña y novelesca que tenía de afrontar el peligro. El Vaquerito era extraordinariamente mentiroso, quizás nunca había sostenido una conversación donde no adornara tanto la verdad que era prácticamente irreconocible, pero en sus actividades, ya fuera como mensajero en los primeros tiempos, como soldado después, o jefe del pelotón suicida, El Vaquerito demostraba que la realidad y la fantasía para él no tenían fronteras determinadas y los mismos hechos que su mente ágil inventaba, los realizaba en el campo de combate; su arrojo extremo se había convertido en tema de leyenda cuando llegó el final de toda aquella epopeya que él no pudo ver.

Una vez se me ocurrió interrogar a El Vaquerito después de una de las sesiones nocturnas de lectura que teníamos en la columna, tiempo después de incorporado a ella; El Vaquerito empezó a contar su vida y como quien no quiere la cosa nosotros a hacer cuentas con un lápiz. Cuando acabó, después de muchas anécdotas chispeantes le preguntamos cuántos años tenía. El Vaquerito en aquella época tenía poco más de veinte años, pero del cálculo de todas sus hazañas y trabajos se desprendía que había comenzado a trabajar cinco años antes de nacer.

El compañero Nicaragua traía noticias de más armas existentes en Santiago, remanentes del asalto a Palacio. 10 ametralladoras, 11 fusiles Johnson y 6 mosquetones, según declaraba. Había algunas más pero se pensaba establecer otro frente en la zona del Central Miranda. Fidel se oponía a esta idea y solo les permitió algunas armas para este segundo frente, dando órdenes que todas las posibles subieran a reforzar el nuestro. Seguimos la marcha, para alejarnos de la incómoda compañía de unos guardias que merodeaban cerca, pero antes decidimos subir al Turquino, era una operación casi mística ésta de subir nuestro pico máximo y por otra parte estábamos ya por toda la cresta de la Maestra muy cerca de su cumbre.

El Pico Turquino fue subido por toda la columna y allí arriba finalizó la entrevista que Bob Taber hiciera al Movimiento, preparando una película que fue televisada en los Estados Unidos cuando no éramos tan temidos. (Un hecho ilustrativo: un guajiro que se nos unió, manifestó que Casillas le había ofrecido $300 y una vaca parida si mataba a Fidel.) No eran los norteamericanos solos los equivocados sobre el precio de nuestro máximo dirigente.

Según un altímetro de campaña que llevábamos con nosotros, el Turquino tenía 1.850 metros sobre el nivel del mar; lo apunto como dato curioso, pues nunca comprobamos este aparato; pero, sin embargo, al nivel del mar trabajaba bien y esta cifra de la altura del Turquino difiere bastante de las dadas por los textos oficiales.

Como una compañía del ejército continuaba tras nuestras huellas, Guillermo fue enviado con un grupo de compañeros a tirotearla; dado mi estado asmático que me obligaba a caminar a la cola de la columna y no permitía esfuerzos extra se me quitó la ametralladora que portaba, la Thompson, ya que yo no podía ir al tiroteo. Como tres días tardaron en devolvérmela y fueron de los más amargos que pasé en la Sierra, encontrándome desarmado cuando todos los días podíamos tener encuentros con los guardias.

Por aquellos días, mayo de 1957, dos de los norteamericanos abandonaron la columna con el periodista Bob Taber, que había acabado su reportaje, y llegaron sanos y salvos a Guantánamo. Nosotros seguimos nuestro lento camino por la cresta de la Maestra o sus laderas; haciendo contactos, explorando nuevas regiones y difundiendo la llama revolucionaria y la leyenda de nuestra tropa de barbudos por otras regiones de la Sierra. El nuevo espíritu se comunicaba a la Maestra. Los campesinos venían sin tanto temor a saludarnos y nosotros no temíamos la presencia campesina, puesto que nuestra fuerza relativa había aumentado considerablemente y nos sentíamos más seguros contra cualquier sorpresa del ejército batistiano y más amigos de nuestros guajiros.

Jornadas de marcha

Los primeros quince días del mes de mayo fueron de marcha continua hacia nuestro objetivo. Al iniciarse el mes, estábamos en una loma perteneciente a la cresta de la Maestra, cercana al pico Turquino; fuimos cruzando zonas que después resultaron teatro de muchos sucesos de la Revolución. Pasamos por Santa Ana, por El Hombrito; después Pico Verde, encontramos la casa de Escudero en la Maestra, y seguimos hasta la loma del Burro. El viaje en esta dirección que sigue el rumbo Este, se producía para buscar unas armas que se dijo iban a llegar de Santiago y a depositarse en la zona de la loma del Burro relativamente cerca del Oro de Guisa. Durante este recorrido, que duró un par de semanas, una noche, al ir a cumplir un cometido intrascendente, equivoqué los caminos y estuve perdido tres días hasta volver a encontrar a la gente en un paraje denominado El Hombrito. En aquel momento pude darme cuenta de que llevábamos en las espaldas todo lo necesario para bastarnos a nosotros mismos. La sal y el aceite, tan importantes; algunas comidas enlatadas, entre las que había leche; todo lo necesario para dormir, hacer fuego y la comida y un aditamento en que confiaba mucho hasta ese momento, la brújula.

Al encontrarme perdido, la mañana siguiente de la noche en que ocurriera, tomé la brújula y guiándome por ella seguí un día y medio hasta darme cuenta de que cada vez estaba más perdido, me acerqué a una casa campesina y allí me encaminaron hasta el campamento rebelde. Después nosotros nos percataríamos de que en lugares tan escabrosos como la Sierra Maestra, la brújula solamente puede servir de orientación general, nunca para marcar rumbos definidos; el rumbo hay que trazarlo con guías o conociendo por sí mismo el terreno, como lo conocimos después al tocarme a mí precisamente operar en la zona de El Hombrito.

Fue muy emocionante el reencuentro con la columna en aquella zona por el caluroso recibimiento que se me hizo. Cuando llegué se acababa de realizar un juicio popular en que tres chivatos fueron juzgados y uno de ellos, Nápoles de apellido, condenado a muerte. Camilo fue el presidente del tribunal.

En aquella época tenía que cumplir mis deberes de médico y en cada pequeño poblado o lugar donde llegábamos realizaba mi consulta. Era monótona pues no tenía muchos medicamentos que ofrecer y no presentaban una gran diferencia los casos clínicos de la Sierra; mujeres prematuramente avejentadas, sin dientes, niños de vientres enormes, parasitismo, raquitismo, avitaminosis en general, eran los signos de la Sierra Maestra. Todavía hoy se mantienen, pero en mucho menores proporciones. Los hijos de estas madres de la Sierra han ido a estudiar a la ciudad escolar «Camilo Cienfuegos» ; ya están crecidos, saludables, son otros muchachos diferentes a los primeros escuálidos pobladores de nuestra pionera Ciudad Escolar.

Recuerdo que una niña estaba presenciando las consultas que daba a las mujeres de la zona, las que iban con mentalidad casi religiosa a conocer el motivo de sus padecimientos; la niñita, cuando llegó su mamá, después de varios turnos anteriores a los que había asistido con toda atención en la única pieza del bohío que me servía de consultorio, le chismoseó: «Mamá, este doctor a todas les dice lo mismo.»

Y era una gran verdad; mis conocimientos no daban para mucho más, pero, además, todas tenían el mismo cuadro clínico y contaban la misma historia desgarradora sin saberlo. ¿Qué hubiera pasado si el médico en ese momento hubiera interpretado que el cansancio extraño que sufría la joven madre de varios hijos, cuando subía una lata de agua del arroyo hasta la casa, se debía simplemente a que era mucho trabajo para tan poca y tan baja calidad de comida? Ese agotamiento es algo inexplicable porque toda su vida la mujer ha llevado las mismas latas de agua hasta el mismo destino y solo ahora se siente cansada. Es que las gentes de la Sierra brotan silvestres y sin cuidado y se desgastan rápidamente, en un trajín sin recompensa. Allí, en aquellos trabajos empezaba a hacerse carne en nosotros la conciencia de la necesidad de un cambio definitivo en la vida del pueblo. La idea de la reforma agraria se hizo nítida y la comunión con el pueblo dejó de ser teoría para convertirse en parte definitiva de nuestro ser.

La guerrilla y el campesinado se iban fundiendo en una sola masa, sin que nadie pueda decir en qué momento del largo camino se produjo, en qué momento se hizo íntimamente verídico lo proclamado y fuimos parte del campesinado. Solo sé, en lo que a mí respecta, que aquellas consultas a los guajiros de la Sierra convirtieron la decisión espontánea y algo lírica en una fuerza de distinto valor y más serena. Nunca han sospechado aquellos sufridos y leales pobladores de la Sierra Maestra el papel que desempeñaron como forjadores de nuestra ideología revolucionaria.

En aquel mismo lugar Guillermo García fue ascendido a capitán y se hizo cargo de todos los campesinos que ingresaran nuevos a las columnas. Tal vez el compañero Guillermo no recuerde esa fecha; está anotada en mi diario de combatiente: 6 de mayo de 1957.

Al día siguiente Haydée Santamaría se iba con precisas indicaciones de Fidel a hacer los contactos necesarios, pero, un día más tarde, llegó la noticia de la detención de Nicaragua, el comandante Iglesias, que era el encargado de traernos las armas. Esto provocó un gran desconcierto entre nosotros, pues no nos podíamos imaginar cómo se haría ahora para traerlas; sin embargo, resolvimos seguir caminando con el mismo destino. Llegamos a un lugar cercano a Pino del Agua, una pequeña hondonada con una «tumba» abandonada en el mismo filo de la Sierra Maestra; había allí dos bohíos deshabitados. Cerca de un camino real, una patrulla nuestra tomó prisionero a un cabo del ejército. Este cabo era un individuo conocido por sus crímenes desde la época de Machado, por lo que algunos de la tropa propusimos ejecutarlo, pero Fidel se negó a hacerle nada; simplemente lo dejamos prisionero custodiado por los nuevos reclutas, sin armas largas todavía y con la prevención de que cualquier intento de fuga le costaría la vida.

La mayoría de nosotros siguió el camino con el fin de ver si las armas habían llegado al lugar convenido y, si estaban, transportarlas. Fue una larga caminata, aunque sin peso, ya que nuestras mochilas completas quedaron en el campamento donde estaba el prisionero. La marcha, sin embargo, no nos dio ningún resultado; no habían llegado los equipos y lo atribuimos, naturalmente, a la detención de Nicaragua. Pudimos comprar bastante alimento en una tienda existente y volver, con distinta pero también bien recibida carga hacia el lugar de partida. Volvíamos por el mismo camino, a paso lento, cansón, bordeando las crestas de la Sierra Maestra y cruzando con cuidado los lugares pelados. Oímos de pronto disparos en dirección de nuestra marcha, lo que nos preocupó porque uno de nuestros compañeros se había adelantado para llegar cuanto antes al campamento; era Guillermo Domínguez, teniente de nuestra tropa y uno de los que habían llegado con el refuerzo de Santiago. Nos preparamos para cualquier contingencia mientras mandábamos una exploración. Después de un tiempo prudencial aparecieron los exploradores y venía con ellos un compañero llamado Fiallo, que pertenecía al grupo de Crescencio, incorporado nuevamente a la guerrilla en el intervalo de nuestra ausencia. Venía del campamento base nuestro y nos explicó que había un muerto en el camino y que habían tenido un encuentro con los guardias, los que se habían retirado en dirección a Pino del Agua, donde había un destacamento mayor y que quedaba bastante cerca. Avanzamos con muchas precauciones encontrándonos un cadáver al que me tocó reconocer.

Era Guillermo Domínguez, precisamente; estaba desnudo de la cintura para arriba y presentaba un orificio de bala en el codo izquierdo, un bayonetazo en la zona supramamilar izquierda y la cabeza literalmente destrozada por el disparo, al parecer, de su propia escopeta. Algunas municiones eran el testimonio en las carnes laceradas de nuestro infortunado compañero.

Pudimos reconstruir los hechos analizando diferentes datos: los guardias, parece que en un recorrido buscando a su compañero prisionero, el cabo, oyeron llegar a Domínguez, que venía a la delantera, confiado, pues había pasado por allí mismo el día anterior, y lo hicieron prisionero, pero algunos de los hombres de Crescencio venían a hacer contacto con nosotros por la otra dirección del camino (todo esto se produce en las mismas alturas de la Maestra). Al sorprender por la espalda a los guardias, la gente de Crescencio hizo fuego y éstos se retiraron asesinando antes de huir a nuestro compañero Domínguez.

Pino del Agua es un aserrío en plena Sierra y el camino seguido por los guardias es una vieja trocha de acarrear madera que nosotros debíamos atravesar luego de caminar 100

metros por ella, para seguir nuestro estrecho sendero del firme de la divisoria de las aguas. Nuestro compañero no tomó
las precauciones elementales en estos casos y tuvo la mala
suerte de coincidir con los guardias. Su amargo destino nos
sirvió de experiencia para el futuro.

Llegan las armas

En una región de la Maestra cercana al aserrío de Pino del Agua, sacrificamos el magnífico caballo que traía el cabo prisionero, pues el animal no nos servía para caminar en zonas tan intrincadas y estábamos carentes de alimentos. Dato anecdótico es el de que el hombre nos recomendaba insistentemente el caballo, prestado por un amigo, y daba la seña de quién era para que en todo caso se le devolviera, mientras comía el guiso y se tomaba la sopa del propio animal. La carne de caballo y otros animales de la Sierra, era para nosotros un complemento nada desdeñable de la dieta habitual.

Ese día pudimos escuchar por la radio la noticia de la condena de nuestros compañeros del Granma y, además, que un magistrado había expresado su voto particular en contra de la sanción. Este era el magistrado Urrutia, cuyo gesto honrado le sirviera para ser propuesto presidente provisional de la República. El hecho en sí, el voto particular de un magistrado no tenía otra importancia que la de ser un gesto digno —como evidentemente lo fue en ese momento— pero tuvo después las consecuencias de entronizar a un mal presidente, incapaz de comprender el proceso político siguiente, incapaz de asimilar la profundidad de una revolución que no estaba hecha para su mentalidad retrógrada. Su carácter y la renuencia a situarse en el verdadero lugar que le correspondía nos trajeron muchos conflictos, hasta que cristalizó, en los días de la celebración del primer 26 de Julio, en su renuncia como presidente ante la repulsa unánime del pueblo.

En uno de esos días llegó un contacto de Santiago, su nombre era Andrés, que tenía aviso ya exacto de que las armas estaban a salvo y que se iban a trasladar en los días siguientes. Se fijó como lugar de entrega alguna región de un aserrío de la costa operado por los hermanos Babún y se iban a traer esas armas mediante la complicidad de estos ciudadanos que pensaban hacer un jugoso negocio interviniendo en la Revolución. (El desarrollo posterior los fue separando, y tres de los hijos de uno de estos miembros de la firma Babún, tienen el poco digno privilegio de pertenecer a la gusanería presa en Girón.)

Es curioso ver cómo en aquella época toda una serie de sujetos pensaban aprovechar la Revolución para sus fines propios y hacían pequeños favores para después buscar cada uno lo que esperaba del nuevo poder; en este caso, la concesión de todos los montes para una tala despiadada y la expulsión de los campesinos, aumentando los latifundios de la familia Babún. Por estos días se nos había unido un periodista norteamericano de la misma estirpe de los Babún. Era húngaro de nacimiento, se llamaba Andrew's Saint George.

Aquella vez solamente mostraba una de sus caras, la menos mala, que era la de periodista yanqui; además de eso, era agente del FBI. Por ser la única persona que hablaba francés en la columna (en ese entonces nadie hablaba inglés) me tocó atenderlo y, sinceramente, no me lució el peligroso sujeto que surgiera en una segunda entrevista posterior, donde ya se mostraba como agente desembozado. Fuimos bordeando Pino del Agua para caer a las nacientes del río Peladero; caminando entre zonas también muy escarpadas y con un peso considerable en las espaldas. Por este río del Peladero se sube a un afluente, el arroyo llamado Del Indio, zona donde permanecimos un par de días consiguiendo algún alimento y adonde trasladamos las armas recibidas. Pasábamos ya por algunos pequeños poblados campesinos de la zona, donde establecíamos una especie de poder revolucionario no legalizado y dejábamos simpatizantes encargados de informarnos de todo lo que pasaba y también del movimiento del ejército enemigo. Pero siempre vivíamos en los montes, solamente alguna noche ocasional caíamos imprevistamente en algún grupo de casas, y algunos dormíamos en ellas, la mayoría siempre bajo el resguardo de los montes y, durante el día, todos en guardia y protegidos por el techo de las arboledas.

Nuestro enemigo más malo en esta época del año era la «macagüera», una especie de tábano llamado así porque parece que pone sus huevos y nace en el árbol llamado Macagua; en determinada época del año prolifera mucho en los montes. La «macagüera» daba unas picadas en lugares no defendidos que, al rascarnos, con toda la suciedad que teníamos encima, se infectaban fácilmente ocasionando abscesos de más o menos consideración. Siempre la parte no defendida de nuestras piernas, las muñecas y el cuello, tenían el testimonio del paso de la «macagüera».

Por fin, el día 18 de mayo, se tienen noticias de las armas y también, más o menos, de la composición de las mismas. La noticia produce un gran revuelo en todo el campamento, pues inmediatamente se supo, y todos los combatientes esperaban mejorar su armamento; tenían la secreta esperanza de adquirir algo, ya fuera directamente de las nuevas armas o porque el ascenso de los más viejos les permitiera obtener aunque fuera el arma defectuosa, abandonada al adquirir la nueva. También tuvimos noticias de que se había exhibido la película que el periodista Bob Taber había hecho sobre la Sierra Maestra y había tenido un gran éxito en Estados Unidos. Esta noticia alegró a todo el mundo menos a Andrew's Saint George que también, a pesar de su oficio de agente del FBI, tenía su corazoncito periodístico y se sintió defraudado. Al día siguiente de oír la noticia salió en un yate de la zona de los Babún para Santiago de Cuba.

Ese mismo día, simultáneamente con la noticia del lugar donde estaban las armas, se notó que había escapado un hombre, hecho peligroso pues, como dije, todo el campamento conocía de la llegada de las mismas. Se mandaron patrullas a buscarlo que tardaron algunos días en regresar y retornaron con la noticia que había logrado tomar un barco a Santiago. Presumimos nosotros que era para informar a las autoridades, aunque luego se demostró que simplemente la deserción se produjo por incapacidad física y moral para afrontar las inclemencias de nuestra vida. De todas maneras, tuvimos que extremar las precauciones. Nuestra lucha contra la falta de preparación física, ideológica y moral de los combatientes era diaria; pero los resultados no siempre eran halagüeños. Muchas veces pedían permiso para retirarse por los motivos más mínimos y si se les negaba, sucedía lo que en este caso. Y hay que considerar que la deserción se castigaba con la pena de muerte aplicada en el lugar de la detención.

A la noche llegaron las armas, para nosotros aquello era el espectáculo más maravilloso del mundo; estaban como en exposición ante los ojos codiciosos de todos los combatientes, los instrumentos de muerte. Tres ametralladoras de trípode, tres fusiles ametralladoras Madzen, nueve carabinas M-1, diez fusiles automáticos Johnson y, en total, seis mil tiros. Aunque las carabinas M-1 solo tenían cuarenta y cinco balas por unidad se hizo la distribución atendiendo a los méritos ya adquiridos de los combatientes y a su tiempo en la Sierra. Una de estas carabinas M-1, de las armas más buscadas, le fue dada al hoy comandante Ramiro Valdés y dos para la vanguardia que comandaba Camilo. Las otras cuatro fueron dedicadas a cuidar las ametralladoras de trípode.

Uno de los fusiles ametralladoras fue al pelotón del capitán Jorge Sotús, otro al pelotón de Almeida y otro para el Estado Mayor, encargándoseme a mí de su manejo. Las trípodes fueron: una para Raúl, otra para Guillermo García y la tercera para Crescencio Pérez. De tal manera, me iniciaba como combatiente directo, pues lo era ocasional, pero tenía como fijo el cargo de médico; empezaba una nueva etapa para mí en la Sierra. Siempre recuerdo el momento en que me fue entregado este fusil ametralladora, de muy mala calidad y viejo, pero que en aquel momento significaba una verdadera adquisición. Cuatro hombres estaban destinados como ayudantes de esta pieza; muy distinta trayectoria han seguido los cuatro combatientes de aquel momento, pues dos de ellos eran los hermanos Pupo y Manolo Beatón, fusilados por la Revolución, ya que asesinaron al comandante Cristino Naranjo y luego se alzaron en las sierras de Oriente, hasta que un campesino lograra detenerlos. Otro de ellos era un niño de quince años que debía llevar casi siempre el enorme peso de los cargadores del fusil ametralladora y se llamaba Joel Iglesias, hoy presidente de los Jóvenes Rebeldes y comandante del Ejército Rebelde. El cuarto, hoy es teniente de nuestro ejército, su apellido es Oñate, pero nosotros le apodamos cariñosamente Cantinflas. No acabó, sin embargo, con la llegada de estas armas, la odisea de la tropa para adquirir fuerza combativa y fuerza ideológica. Pocos días después, el 23 de mayo, Fidel ordenaba nuevos licenciamientos, entre ellos una escuadra completa, y quedaba nuestra fuerza reducida a ciento veintisiete hombres, la mayoría armados y unos ochenta de éstos con buenas armas.

De la escuadra que abandonó, con su jefe incluso, la lucha, quedó un solo hombre llamado Crucito que, después, fue uno de los combatientes más queridos. Crucito era un poeta natural y tenía largos encuentros con el poeta de la ciudad, Calixto Morales, del Granma, quien se había apodado a sí mismo el ruiseñor de los campos, a lo que Crucito en sus décimas guajiras contestaba siempre con el estribillo, dirigido despectivamente a Calixto: «Soguacaico de la Sierra».

Este magnífico compañero tenía toda la historia de la Revolución, hasta el momento de la partida del Granma, en décimas que iba componiendo mientras fumaba su pipa, en cada instante de descanso. Como había muy poco papel en la Sierra, iba componiendo las décimas y aprendiéndolas de memoria, de modo que no nos quedaron recuerdos cuando una bala pusiera fin a su vida en el combate de Pino del Agua.

En la zona de los aserríos teníamos la inapreciable ayuda de Enrique López, viejo conocido de Fidel y de Raúl, desde niños, que era en ese momento empleado de los Babunes y nos servía de contacto para abastecernos y para poder movilizarnos por toda el área sin peligro. Estos lugares estaban llenos de caminos por los que transitaban los camiones del ejército; varias veces hicimos emboscada para tratar de agarrar algunos, pero nunca lo logramos. Quizás esto fuera bueno para el éxito de la operación que se avecinaba, una de las de más impacto psicológico en toda la historia de la guerra, como fue el combate del Uvero.

El día 25 de mayo tuvimos noticias de que por Mayarí había desembarcado un grupo de expedicionarios dirigidos por Calixto Sánchez, de la lancha El Corinthia, pocos días después conoceríamos el desastroso resultado de esa expedición; Prío enviaba sus hombres a morir sin tomar nunca la decisión de acompañarlos. La noticia de este desembarco nos hizo ver la necesidad imperiosa de distraer fuerzas del enemigo para tratar de que aquella gente llegara a algún lugar donde pudiera reorganizarse y empezar sus acciones. Todo esto lo hacíamos por solidaridad con los elementos combatientes, aunque no conocíamos ni la composición social ni los reales propósitos de este desembarco.

Aquí tuvimos una interesante discusión que fue protagonizada particularmente por el que esto escribe y Fidel: opinaba yo que no se podía desperdiciar la oportunidad de tomar un camión y que debíamos dedicarnos específicamente a cazarlos en las carreteras donde pasaban despreocupadamente para arriba y para abajo, pero Fidel ya tenía en mente la acción del Uvero y pensaba que sería mucho más interesante y lograría un éxito mucho más rotundo el hacer esta acción capturando el puesto del Uvero, pues sería un impacto psicológico grande y se conocería en todo el país, cosa que no sucedería con el ataque a un camión, caso en que podían dar las noticias de unos muertos o heridos en un accidente en el camino y, aunque la gente sospechara la verdad, nunca se sabría de nuestra efectiva presencia combatiente en la Sierra. Eso no quería decir que se desechara totalmente la idea de capturar algún camión en condiciones óptimas, pero no debíamos convertirlo en el centro de nuestras actividades.

Ahora, después de varios años de aquella discusión en que Fidel tomó la decisión, pero no me convenció, debo reconocer que era justa la apreciación y que hubiera sido mucho menos productivo para nosotros el tener una acción aislada sobre alguna de las patrullas que viajaban en camiones. Es que, en aquel momento, las ansias de combatir de todos nosotros nos llevaban siempre a adoptar las actitudes más drásticas sin tener paciencia y, quizás, sin tener visión para ver objetivos más lejanos. De todas maneras, arribamos ya a los preparativos finales para la acción del Uvero.

El combate del Uvero

Decidido el punto de ataque, nos quedaba precisar exactamente la forma en que se haría; teníamos que solucionar problemas importantes como averiguar el número de soldados existentes, el número de postas, el tipo de comunicaciones que usaban, los caminos de acceso, la población civil y su distribución, etc. Para todo esto nos sirvió magníficamente el compañero Cardero, hoy comandante del Ejército Rebelde, quien era yerno del administrador del aserrío, según creo recordar.

Suponíamos que el ejército tenía datos más o menos exactos de nuestra presencia en la zona, pues fueron capturados un par de chivatos portando documentos de identificación, que confesaron ser enviados por Casillas para averiguar el paradero del Ejército Rebelde y sus puntos habituales de reunión. El espectáculo de los dos hombres pidiendo clemencia era realmente repugnante y a la vez lastimero, pero las leyes de la guerra, en esos momentos difíciles, no se podían desconocer y ambos espías fueron ejecutados al día siguiente.

Ese mismo día, 27 de mayo, se reunió el Estado Mayor con todos los oficiales, anunciando Fidel que dentro de las cuarenta y ocho horas próximas tendríamos combate y que debíamos permanecer con tropas y enseres, listos para marchar. No se nos dio indicaciones en esos momentos.

Cardero sería el guía pues conocía perfectamente el puesto del Uvero, todas sus entradas y salidas y sus caminos de acceso. Por la noche nos pusimos en marcha; era una caminata larga, de unos 16 kilómetros, pero totalmente en bajada por los caminos que había construido especialmente para sus aserraderos la Compañía Babún.

Empleamos sin embargo, unas ocho horas de marcha pues se vio interrumpida por una serie de precauciones extras que había que tomar, sobre todo al ir acercándonos al lugar de peligro. Al final se dieron las órdenes de ataque que eran muy simples; había que tomar las postas y acribillar a balazos el cuartel de madera.

Se sabía que el cuartel no tenía mayores defensas salvo algunos bolos diseminados en las inmediaciones, los puntos fuertes eran las postas de tres a cuatro soldados cada una, emplazadas estratégicamente en las afueras del cuartel. Este estaba dominado por una loma colocada justo enfrente y que sería el emplazamiento del Estado Mayor para dirigir el combate. Era factible acercarse hasta pocos metros de la construcción a través de la maraña de los montes cercanos. Una instrucción precisa era el cuidado especial de no tirar contra el batey, pues había mujeres y niños, incluso la mujer del administrador que conocía del ataque pero no quiso salir de allí para evitar después cualquier suspicacia. La población civil era nuestra preocupación mayor mientras partíamos a ocupar los puestos de ataque.

El cuartel del Uvero estaba colocado a la orilla del mar, de tal manera que para rodearlo solamente necesitábamos atacarlo por tres puntos.

Sobre la posta que dominaba el camino que, desde Peladero, viene bordeando el mar, el que también nosotros utilizamos en parte, se mandaron los pelotones dirigidos por Jorge Sotús y Guillermo García; Almeida debía encargarse de liquidar una posta colocada frente a la montaña, más o menos al Norte; Fidel estaría en la loma que domina el cuartel y Raúl avanzando con su pelotón por el frente; a mí se me asignó un puesto intermedio con mi fusil ametralladora y los ayudantes; Camilo y Ameijeiras debían avanzar de frente, en realidad entre mi posición y la de Raúl, pero equivocaron el rumbo por la noche e iniciaron la pelea luchando a mi izquierda en lugar de hacerlo a mi derecha; el pelotón de Crescencio Pérez debía avanzar por el camino que, saliendo del Uvero, va a Chivirico a impedir la llegada de cualquier clase de refuerzos que vinieran por esa zona.

Se pensó que la acción iba a acabaren poco tiempo dada la sorpresa que teníamos preparada; sin embargo, fueron avanzando los minutos y no podíamos posesionar a la gente en la forma ideal prevista; llegaban las noticias a través de los guías, Cardero y un práctico de la zona llamado Eligio Mendoza, y veíamos que avanzaba ya el día y empezaba la penumbra precursora de la mañana sin que estuviéramos en posición para sorprender los guardias como habíamos pensado en el primer momento. Jorge Sotús avisó que no dominaba el punto asignado desde su posición pero era tarde para iniciar nuevos movimientos. Cuando Fidel abrió fuego con su mirilla telescópica, reconocimos el cuartel por el fuego de los disparos con que contestaron a los pocos segundos. Yo estaba colocado en una pequeña elevación de terreno y dominaba el cuartel perfectamente pero quedaba muy lejos, por lo que avanzamos para buscar mejores posiciones.

Todo el mundo avanzaba; Almeida lo hacía hacia la posta que defendía la entrada del cuartelito por su sector, y a mi izquierda, se veía la gorra de Camilo con un paño en la nuca, como casquete de la Legión Extranjera, pero con las insignias del Movimiento. Fuimos avanzando en medio del tiroteo generalizado y con todas las precauciones que este tipo de combate demanda.

A la pequeña escuadra se le fueron uniendo combatientes que quedaban desperdigados de sus unidades; un compañero de Pilón al que llamaban Bomba, y el compañero Mario Leal y Acuña se unieron a lo que ya constituía una pequeña unidad de combate. La resistencia se había hecho dura y habíamos llegado a la parte llana y despejada donde había que avanzar con infinitas precauciones, pues los disparos del enemigo eran continuos y precisos. Desde mi posición, apenas a unos 50 o 60 metros de la avanzada enemiga, vi cómo de la trinchera que estaba delante salían dos soldados a toda carrera y a ambos les tiré, pero se refugiaron en las casas del batey que eran sagradas para nosotros. Seguimos avanzando aunque ya no quedaba nada más que un pequeño terreno, sin la más mínima yerba para ocultarse y las balas silbaban peligrosamente cerca de nosotros. En ese momento escuché cerca de mí un gemido y unos gritos en medio del combate, pensé que sería algún soldado enemigo herido y avancé arrastrándome, mientras le intimaba rendición; en realidad, era el compañero Leal, herido en la cabeza. Hice una corta inspección de la herida, con entrada y salida en la región parietal; Leal estaba desmayándose, mientras empezaba la parálisis de los miembros de un costado del cuerpo, no recuerdo exactamente cuál. El único vendaje que tenía a mano era un pedazo de papel que coloqué sobre las heridas. Joel Iglesias fue a acompañarlo, poco después, mientras continuábamos nuestro ataque. Acto seguido, Acuña caía también herido; nosotros ya sin avanzar disparábamos teniendo enfrente una bien acondicionada trinchera de donde se nos respondía el fuego. Estábamos recuperando valor y haciendo acopio de decisión, para tomar por asalto el refugio, pues era la única forma de acabar con la resistencia, cuando el cuartel se rindió.

Todo esto se ha contado en pocos minutos, pero duró aproximadamente dos horas y 45 minutos desde el primer disparo hasta que logramos tomar el cuartel. A mi izquierda, algunos compañeros de la vanguardia, me parece precisar que Víctor Mora y otros más, tomaban prisioneros a varios soldados que hacían la última resistencia y, de la trinchera de palos, enfrente nuestro, emergió un soldado haciendo ademán de entregar su arma; por todos lados empezaron a surgir gritos de rendición; avanzamos rápidamente sobre el cuartel y se escuchó una última ráfaga de ametralladora que, después, supe había segado la vida del teniente Nano Díaz.

Llegamos hasta el batey donde tomamos prisioneros a los dos soldados que habían escapado a mi ametralladora y también al médico y su asistente. Con el médico, un hombre canoso y reposado cuyo destino posterior no conozco -no sé si actualmente estará integrado a la Revolución- sucedió un caso curioso: mis conocimientos de medicina nunca fueron demasiado grandes; la cantidad de heridos que estaban llegando era enorme y mi vocación en ese momento no era la de dedicarme a la sanidad; sin embargo, cuando fui a entregarle los heridos al médico militar, me preguntó cuántos años tenía y acto seguido, cuándo me había recibido. Le expliqué que hacía algunos años y entonces me dijo francamente: «Mira, chico, hazte cargo de todo esto, porque yo me acabo de recibir y tengo muy poca experiencia». El hombre, entre su inexperiencia y el temor lógico de la situación, al verse prisionero se había olvidado hasta la última palabra de medicina. Desde aquel momento tuve que cambiar una vez más el fusil por mi uniforme de médico que, en realidad, era un lavado de manos.

Después de este combate, uno de los más sangrientos que hayamos sostenido, fuimos atando cabos y se puede dar una imagen más general y no desde el enfoque que hice hasta aquí relatando mi participación personal. El combate se desarrolló más o menos así: Al dar Fidel orden de abrir fuego, con su disparo, todo el mundo comenzó a avanzar sobre los objetivos fijados y el ejército a responder con fuego nutrido, dirigido en muchos casos hacia la loma de donde nuestro jefe dirigía el combate. A los pocos minutos de iniciadas las acciones Julito Díaz murió al lado de Fidel al ser alcanzado por un balazo directamente en la cabeza. Fueron pasando los minutos y la resistencia seguía enconada sin que se pudiera amagar sobre los objetivos. La tarea más importante en el centro, era la de Almeida, encargado de liquidar de todas maneras la posta para permitir el paso de sus tropas y las de Raúl que venía marchando de frente contra el cuartel.

Los compañeros contaron después cómo Eligio Mendoza, el práctico, tomó su fusil y se lanzó al combate; hombre supersticioso, tenía un «santo» que lo protegía, y cuando le dijeron que se cuidara, él contestó despectivo que su «santo» lo defendía de todo; pocos minutos después caía atravesado por un balazo que literalmente le destrozó el tronco. Las tropas enemigas, bien atrincheradas, nos rechazaban con varias bajas y era muy difícil avanzar por la zona central; por el sector del camino de Peladero, Jorge Sotús trató de flanquear la posición con un ayudante llamado El Policía, pero este último fue muerto inmediatamente por el enemigo y Sotús debió tirarse al mar para evitar una muerte segura, quedando desde ese momento prácticamente anulada su participación en el combate. Otros miembros de su pelotón trataron de avanzar, pero igualmente fueron rechazados; un compañero campesino, de apellido Vega, me parece, fue muerto; Manals, herido en un pulmón; Quike Escalona resultó con tres heridas en un brazo, la nalga y la mano al tratar de avanzar. La posta, atrincherada tras una fuerte protección de bolos de madera, hacía fuego de fusil ametralladora y fusiles semiautomáticos, devastando nuestra pequeña tropa. Almeida ordenó un ataque final para tratar de reducir de todas maneras los enemigos que tenía enfrente; fueron heridos Cilleros, Maceo, Hermes Leyva, Pena y el propio Almeida en el hombro y la pierna izquierda, y el compañero Moll fue muerto. Sin embargo, este empujón dominó la posta y se abrió el camino del cuartel. Por el otro lado, el certero tiro de ametralladora de Guillermo García había liquidado a tres de los defensores, el cuarto salió corriendo, siendo muerto al huir. Raúl, con su pelotón dividido en dos partes, fue avanzando rápidamente sobre el cuartel. Fue la acción de los dos capitanes, Guillermo García y Almeida, la que decidió el combate; cada uno liquidó a la posta asignada y permitió el asalto final. Junto al primero debe destacarse la actuación de Luis Crespo, que bajó del Estado Mayor para participar en el asalto.

En el momento en que se desmoronaba la resistencia enemiga, al llegar a tomar el cuartel, donde se había sacado un pañuelo blanco, alguien, de nuestra tropa probablemente, disparó nuevamente y del cuartel respondieron con una ráfaga que dio en la cabeza de Nano Díaz, cuya ametralladora había hecho estragos hasta ese momento, entre el enemigo. El pelotón de Crescencio casi no intervino en el combate debido a que su ametralladora se atascó y su participación fue de custodio del camino de Chivirico. Allí se detuvieron algunos soldados al huir. La pelea había durado dos horas y cuarenta y cinco minutos y ningún civil había sido herido a pesar del número de disparos que se realizaron.

Cuando hicimos el recuento de la batalla, nos encontramos el siguiente cuadro: Por nuestra parte, habían muerto seis compañeros en ese momento: Moll, Nano Díaz, Vega,

El Policía, Julito Díaz y Eligio Mendoza. Muy malheridos estaban Leal y Cilleros. Heridos de mayor o menor consideración: Maceo, en un hombro; Hermes Leyva, un tiro a sedal en el tórax; Almeida, brazo y pierna izquierdos; Quike Escalona, brazo y mano derechos; Manals, un tiro en el pulmón, sin mayores síntomas; Pena, en una rodilla y Manuel Acuña en el brazo derecho. En total, quince compañeros fuera de combate. Ellos habían tenido 19 heridos, 14 muertos, otros 14 prisioneros y habían escapado 6, lo que hacía un total de 53 hombres, al mando de un segundo teniente que sacó la bandera blanca después de estar herido.

Si se considera que nuestros combatientes eran unos 80 hombres y los de ellos 53, se tiene un total de 133 hombres aproximadamente, de los cuales 38, es decir, más de la cuarta parte, quedaron fuera de combate en poco más de dos horas y media de combate. Fue un ataque por asalto de hombres que avanzaban a pecho descubierto contra otros que se defendían con pocas posibilidades de protección. Debe reconocerse que por ambos lados se hizo derroche de coraje. Para nosotros fue además, la victoria que marcó la mayoría de edad de nuestra guerrilla. A partir de este combate, nuestra moral se acrecentó enormemente, nuestra decisión y nuestras esperanzas de triunfo aumentaron también, simultáneamente con la victoria y, aunque los meses siguientes fueron de dura prueba, ya estábamos en posesión del secreto de la victoria sobre el enemigo. Esta acción selló la suerte de los pequeños cuarteles situados lejos de las agrupaciones mayores del enemigo y fueron desmantelados al poco tiempo.

Una de las primeras balas del combate rompió el aparato de telefonía cortando la comunicación con Santiago y apenas si un avión evolucionó una o dos veces sobre el campo de batalla, sin que se hiciera presente la aviación enemiga; solamente llegaron los aviones de reconocimiento horas después, cuando ya estábamos encaramados en la montaña. De la concentración de fuego por parte nuestra habla, además de los 14 muertos, el que 3 de 5 pericos que tenían los guardias del cuartel, fueron muertos. Hay que pensar en el tamaño diminuto de este animalito para hacerse una idea de lo que le cayó al edificio de tablas.

El reencuentro con la profesión médica tuvo para mí algunos momentos muy emocionantes. El primer herido que atendí, dado su gravedad, fue el compañero Cilleros. Una bala había partido su brazo derecho y, tras de atravesar el pulmón, aparentemente se había incrustado en la columna, privándolo del movimiento en las dos piernas. Su estado era gravísimo y apenas si me fue posible darle algún calmante y ceñirle apretadamente el tórax para que respirara mejor. Tratamos de salvarlo en la única forma posible en esos momentos; llevándonos los catorce soldados prisioneros con nosotros y dejando a dos heridos: Leal y Cilleros, en poder del enemigo y con la garantía del honor del médico del puesto. Cuando se lo comuniqué a Cilleros, diciéndole las palabras reconfortantes de rigor, me saludó con una sonrisa triste que podía decir más que todas las palabras en ese momento y que expresaba su convicción de que todo había acabado. Lo sabíamos también y estuve tentado en aquel momento de depositar en su frente un beso de despedida pero, en mí más que en nadie, significaba la sentencia de muerte para el compañero y el deber me indicaba que no debía amargar más sus últimos momentos con la confirmación de algo de lo que él ya tenía casi absoluta certeza. Me despedí, lo más cariñosamente que pude y con enorme dolor, de los dos combatientes que quedaban en manos del enemigo. Ellos clamaban que preferían morir en nuestras tropas, pero teníamos nosotros también el deber de luchar hasta el último momento por sus vidas. Allí quedaron, hermanados con los 19 heridos del ejército batistiano a quienes también se había atendido con todo el rigor científico de que éramos capaces. Nuestros dos compañeros fueron atendidos decentemente por el ejército enemigo, pero uno de ellos, Cilleros, no llegó siquiera a Santiago. El otro sobrevivió a la herida, pasó prisionero en Isla de Pinos todo el resto de la guerra y hoy todavía lleva huellas indelebles de aquel episodio importante de nuestra guerra revolucionaria.

Cargando en uno de los camiones de Babún la mayor cantidad posible de artículos de todo tipo, sobre todo medicinas, salimos los últimos, rumbo a nuestras guaridas de la montaña, donde llegamos todavía a tiempo para atender a los heridos y despedir a los caídos, que fueron enterrados junto a un recodo del camino. Se preveía que la persecución iba a ser muy grande y se resolvió que la tropa capaz de caminar debía poner distancia entre este lugar y los guardias mientras que los heridos quedarían a mi cargo y Enrique López se encargaría de suministrarme el transporte, el escondrijo y algunos ayudantes para trasladar los heridos y todos los contactos para poder recibir medicinas y curarlos en la forma debida.

Todavía de madrugada continuaban narrándose las incidencias del combate; casi nadie dormía o dormía a ratos y cada cual se incorporaba a las tertulias contando sus hazañas y las que vio hacer. Por curiosidad estadística tomé nota de todos los enemigos muertos por los narradores durante el curso del combate y resultaban más que el grupo completo que se nos había opuesto; la fantasía de cada uno había adornado sus hazañas. Con ésta y otras experiencias similares, aprendimos claramente que los datos deben ser avalados por varias personas; incluso, en nuestra exageración, exigíamos prendas de cada soldado caído para considerarlo realmente como una baja del enemigo, ya que la preocupación por la verdad fue siempre tema central de las informaciones del Ejército Rebelde y se trataba de infundir en los compañeros el respeto profundo por ella y el sentido de lo necesario que era anteponerla a cualquier ventaja transitoria.

En la mañana vimos partir la tropa vencedora que nos despedía con tristeza. Conmigo quedaron mis ayudantes Joel Iglesias y Oñate, un práctico llamado Sinecio Torres y Vilo Acuña, hoy comandante del Ejército Rebelde, que se quedó para acompañar a su tío herido.

Cuidando heridos

Al día siguiente del combate de Uvero, desde el amanecer los aviones patrullaban el aire. Agotados los saludos despidiendo a la columna que seguía su marcha, nos dedicábamos a borrar las huellas de nuestra entrada al monte. Estábamos solo a unos cien metros de un camino de camiones y esperamos la llegada de Enrique López, que debía encargarse de ayudarnos a la búsqueda de nuestro escondite y el traslado hacia él.

Los heridos eran Almeida y Pena, que no podían caminar; Quike Escalona, en la misma situación. Manals, a quien recomendaba que no caminara por su herida en el pulmón, Manuel Acuña, Hermes Leyva y Maceo: estos tres, con posibilidades de marchar por sus propios medios. Para defenderlos, curarlos y trasladarlos, estábamos Vilo Acuña, Sinecio Torres, el práctico, Joel Iglesias, Alejandro Oñate y yo. Bien adentrada la mañana vino un informante a decirnos que Enrique López no podía auxiliarnos porque tenía una niña enferma y había tenido que salir para Santiago; quedó en mandarnos algunos voluntarios para ayudar, pero hasta el día de hoy los estamos esperando.

La situación era difícil, pues Quike Escalona tenía sus heridas infectadas y no podía precisar la gravedad de la de Manals. Exploramos los caminos vecinos sin encontrar soldados enemigos y resolvimos trasladarlos a un bohío que estaba a tres o cuatro kilómetros donde había una buena cantidad de pollos y que estaba abandonado por su dueño.

En este primer día dos obreros de los aserríos nos ayudaron en la fatigosa tarea de llevar los heridos en hamacas. Al amanecer del día siguiente, después de comer abundantemente y liquidar una buena ración de pollos, salimos rápidamente del lugar, pues habíamos permanecido un día completo después del ataque, prácticamente en el mismo sitio, cercano a carreteras por donde podían llegar los soldados enemigos; precisamente el lugar donde estábamos era el fin de uno de esos caminos hechos por la compañía de Babún con fines de explotación forestal. Con nuestra poca gente disponible iniciamos una jornada corta, pero muy difícil; consistía en bajar hasta el fondo del arroyo llamado Del Indio y subir por un estrecho sendero hasta un vara en tierra donde vivía un campesino llamado Israel con su señora y un cuñado. Fue realmente penoso el trasladar los compañeros por zonas tan abruptas, pero lo hicimos; aquella gente nos entregó hasta la cama de matrimonio para que durmieran allí los heridos.

Habíamos dejado escondidas en el lugar del primer campamento una porción de armas en mal estado que no podíamos trasladar y gran variedad de implementos, constituyendo un botín de guerra de menor categoría que íbamos dejando en nuestro camino a medida que aumentaba el peso de los heridos. Siempre quedaba en algún bohío rastros de nuestra permanencia en forma de algún objeto olvidado; por eso, como teníamos tiempo, resolvimos repasar bien el lugar anterior para borrar toda huella, ya que dependía precisamente de eso nuestra seguridad; simultáneamente Sinecio, el práctico, partió para buscar algunos conocidos que tenía en esa zona de Peladero.

Al poco tiempo Acuña y Joel Iglesias me avisaron que habían escuchado voces extrañas en la otra ladera. Realmente pensamos que había llegado la hora de combatir en circunstancias muy difíciles, pues nuestra obligación era defender hasta la muerte la carga preciosa de heridos que nos habían encomendado; avanzamos tratando de que el encuentro se produjera lo más lejos del bohío; unas huellas de pies descalzos en el sendero, lo que nos pareció muy extraño, indicaban que los intrusos habían pasado por el mismo camino. Acercándonos cautelosamente escuchamos una conversación en tono desaprensivo en la que intervenían varios sujetos; montando mi ametralladora Thompson y contando con la ayuda de Vilo y Joel avanzamos sorprendiendo a los conversadores; resultaron ser los prisioneros de Uvero que Fidel había liberado y que venían caminando, buscando simplemente la salida. Algunos de ellos venían descalzos, un cabo viejo, casi desmayado, con una voz asmática manifestó su admiración por nosotros y nuestros conocimientos del monte. Venían sin guía y con solo un salvoconducto firmado por Fidel; aprovechando la impresión que les había hecho la forma en que los habíamos sorprendido una vez más, los conminamos a no entrar al monte por nada.

Hombres de ciudad, no estaban acostumbrados a verse frente a las penas del monte y no sabían vencerlas. Salimos al claro de la casa donde habíamos comido los pollos y les mostramos el camino para alcanzar la costa, pero no sin antes precisarles una vez más que del monte hacia dentro éramos los dueños y que nuestra patrulla -porque nosotros aparecíamos como una simple patrulla- se encargaría inmediatamente de avisar a las fuerzas del sector de alguna presencia extraña. Pese a todo, lo prudente era movilizarse lo antes posible.

Esa noche la pasamos en el acogedor bohío, pero al amanecer nos trasladamos al monte y mandamos a los dueños de la casa a buscar gallinas para los heridos; todo el día nos pasamos esperando el regreso del matrimonio, pero éstos no volvieron. Tiempo después, nos enteramos que precisamente habían sido hechos prisioneros en la casita y, además, que al día siguiente a nuestra partida los soldados enemigos los utilizaron como guía y pasaron por donde había estado nuestro campamento el día anterior.

Nosotros conservábamos una buena vigilancia y no nos hubiera sorprendido nadie, pero el resultado de una batalla en esas condiciones era muy difícil de prever. Cerca del anochecer llegó Sinecio con tres voluntarios, un viejo llamado Feliciano y dos que luego serían combatientes del Ejército Rebelde, Banderas, muerto con el grado de teniente en los combates del Jigüe, e Israel Pardo, el mayor de una larga familia de luchadores, que actualmente tiene el grado de capitán. Estos compañeros nos ayudaron a trasladar rápidamente los heridos a un bohío del otro lado de la zona de peligro, mientras Sinecio y yo, hasta prácticamente entrada la noche, esperábamos la llegada del matrimonio con los víveres; naturalmente que no podían llegar ya que estaban prisioneros y nosotros, recelosos de alguna traición, resolvimos que de la nueva casa debíamos salir también temprano. La comida fue muy frugal y consistió en algunas viandas extraídas de las cercanías del bohío. El día siguiente, al sexto mes del desembarco del Granma, empezamos también temprano la jornada; las marchas eran fatigosas e increíblemente cortas para una persona avezada a las caminatas en las montañas; nuestra capacidad de transporte solamente alcanzaba para un herido puesto que, en las condiciones difíciles del monte, hay que llevarlos heridos en hamacas colgadas de un tronco fuerte que literalmente destroza los hombros de los porteadores, que tienen que turnarse cada 10 o 15 minutos, de tal manera que se necesita de 6 a 8 hombres para llevar un herido en estas condiciones. Acompañando a Almeida que iba medio arrastrándose, medio apoyándose, fuimos caminando muy lentamente, prácticamente de palo en palo hasta que

Israel hizo un atajo en el monte y vinieron los porteadores para trasladarlo.

Después, un aguacero tremendo nos impidió llegar a la casa de los Pardo, pero al fin lo hicimos, cerca del anochecer. El pequeño espacio de una legua, 4 kilómetros de camino, había sido recorrido en 12 horas, es decir, a razón de 3 horas por kilómetro.

En aquellos momentos Sinecio Torres era el hombre providencial de la pequeña tropa, conocía los caminos y los hombres de la zona y nos ayudaba en todo. Fue él, el que dos días después sacó a Manals para que se dirigiera a Santiago a curarse; estábamos también preparando las condiciones para que se trasladara Quike Escalona que tenía sus heridas infectadas. Llegaban noticias contradictorias en estos días, a veces informaban que Celia Sánchez estaba presa, otras que había sido muerta. También circulaban rumores de que una patrulla del ejército había tomado preso a Hermes Cardero, un compañero nuestro. Nosotros no sabíamos si creer o no noticias que aveces eran espeluznantes, pues Celia, por ejemplo, constituía nuestro único contacto conocido y seguro. Su detención significaba el aislamiento para nosotros; afortunadamente no resultó cierto lo de Celia, aunque sí lo de Hermes Cardero, que salvó milagrosamente la vida pasando por las mazmorras de la tiranía.

En la costa del río Peladero vivía el mayoral de un latifundista, David de nombre, el que cooperó mucho con nosotros; David nos mató una vaca y hubo que salir a buscarla. El animal fue muerto en la costa y partido en pedazos; había que trasladar la carne de noche, mandé el primer grupo con Israel Pardo delante, y luego un segundo dirigido por Banderas. Banderas era bastante indisciplinado y no cumplió su cometido, pesando sobre la otra gente la carga total del animal sacrificado y tardando toda la noche en poder movilizarlo. Ya se estaba formando una pequeña tropa que quedaba a mi mando, ya que Almeida estaba herido; consciente de mi responsabilidad, le notifiqué a Banderas que él dejaba de ser combatiente y se convertía simplemente en un simpatizante, salvo que modificara su actitud. Realmente lo hizo; nunca fue un modelo de combatiente en cuanto a disciplina, pero era uno de esos casos de hombre emprendedor y de mente abierta, simple e ingenuo, que abrió sus ojos a la realidad mediante el choque de la Revolución; estaba labrando su pequeña parcela quitada al monte y tenía una verdadera pasión por los árboles y la agricultura, vivía en una vara de tierra con dos puerquitos que tenían cada uno su nombre y un perrito. Me mostró un día el retrato de sus dos hijos que vivían con la mujer, de la que él se había separado, en Santiago, explicándome que algún día, cuando la Revolución triunfara, podría ir a algún lugar donde pudiera trabajar bien, no en ese pedazo inhóspito de tierra, colgado casi en la cumbre.

Le hablé de las cooperativas y él no entendía bien. Quería trabajar la tierra por su cuenta, con su propio esfuerzo, sin embargo, poco a poco lo iba convenciendo de que era mejor trabajarla entre todos, de que las máquinas podían aumentar su propio trabajo. Banderas hubiera sido hoy, indiscutiblemente, un luchador de vanguardia en el campo de la producción agrícola; allí en la Sierra mejoró sus conocimientos de lectura y escritura y se preparaba para el porvenir. Era un campesino despierto que sabía del valor de contribuir con su propio esfuerzo a escribir un pedazo de historia.

Tuve en esos días una larga conversación con el mayoral David que me pidió una lista de todas las cosas importantes necesarias para nosotros, pues se iba a dirigir a Santiago y las buscaría allí; era un típico mayoral, fiel al amo, despreciativo con los campesinos, racista. Sin embargo, el ejército lo tomó preso al enterarse de nuestros contactos y lo torturó bárbaramente; su primera preocupación después de aparecer, pues nosotros lo creíamos muerto, fue el explicar que no había hablado. No sé si David está hoy en Cuba o si siguió a sus viejos patronos ya confiscados por la Revolución, pero fue un hombre que sintió en aquellos momentos la necesidad de un cambio, aunque no imaginaba que debía alcanzarlo también a él y a su mundo y entendió que ese cambio era perentorio hacerlo. De muchos esfuerzos sinceros de hombres simples está hecho el edificio revolucionario, nuestra misión es desarrollar lo bueno, lo noble de cada uno, y convertir a todo hombre en un revolucionario, de Davides, que no entienden bien y Banderas que murieron sin ver la aurora; de sacrificios ciegos y de sacrificios no retribuidos, también se hizo la Revolución. Los que hoy vemos sus realizaciones tenemos la obligación de pensar en los que quedaron en el camino y trabajar para que en el futuro sean menos los rezagados.

De regreso

Todo el mes de junio de 1957 transcurrió en la curación de los compañeros heridos durante el ataque a Uvero y organizando la pequeña tropa con que habríamos de incorporarnos a la columna de Fidel.

Los contactos con el exterior se hacían a través del mayoral David, cuyos consejos y oportunas indicaciones, además del alimento conseguido, alivió mucho nuestra situación. En aquellos primeros días no pudimos contar con la inapreciable ayuda de Pancho Tamayo, el mismo que muriera después asesinado a manos de los Beatón en años de posguerra. Pancho Tamayo, viejo campesino de la zona, entró después en contacto con nosotros y también sirvió de punto de contacto.

Empezaron a mostrarse algunas manifestaciones de falta de moral revolucionaria en Sinecio, quien se emborrachó con el dinero del Movimiento y cometió infidencias en estado de embriaguez, al mismo tiempo, no cumplía las órdenes impartidas y, en una de sus andadas, nos trajo once compañeros totalmente desarmados. Se trataba de impedir el alistamiento de compañeros sin armas, pero la incorporación de gentes a la joven guerrilla se hacía por todos los medios y en todas las condiciones y los campesinos, conocedores de nuestra ubicación, nos llevaban nuevos compañeros que anhelaban ser alistados. Por la pequeña columna formada pasaron no menos de cuarenta personas, pero también las deserciones eran continuas, a veces con nuestra anuencia, otras contra nuestra voluntad, y nunca pasó la tropilla de veinticinco a treinta hombres efectivos.

En aquellos días se había agravado algo mi asma y la falta de medicina me obligó a una inmovilidad similar a la de los heridos; pude mitigar la enfermedad fumando la hoja seca de clarín, que es el remedio de la Sierra, hasta que llegaron los medicamentos de la civilización y pude estar también en condiciones óptimas para la partida, pero ésta se demoraba uno y otro día; al fin, organizamos una patrulla para ir a buscar todas las armas que habían quedado botadas por inservibles, luego del ataque de Uvero, con el fin de incorporarlas a la guerrilla.

En las nuevas condiciones, todos aquellos fusiles viejos, con defectos más o menos graves, incluida una ametralladora calibre 30, sin aguja, eran tesoros potenciales e invertimos una noche completa en buscarlos. Finalmente fijamos nuestra partida para el día 24 de junio; en esa época constituíamos un ejército de estas características: cinco heridos reponiéndose, cinco acompañantes, diez incorporados de Bayamo, dos incorporados recientes, «por la libre», y cuatro de la zona; en total veintiséis. La marcha se organizó con Vilo Acuña a la vanguardia, luego, lo que podía ser la comandancia, dirigida por mí, ya que Almeida tenía demasiado trabajo con caminar, pues se estaba reponiendo de la herida en el muslo, y después otras dos pequeñas escuadras dirigidas por Maceo y Peña.

Peña tenía el grado de teniente en aquella época. Maceo y Vilo eran soldados y la mayor graduación la tenía Almeida, que era capitán. No salimos el día 24 porque se fueron juntando pequeños inconvenientes; a veces se anunciaba que llegaba alguno de los guías con un nuevo incorporado y había que esperarlo, otra, un nuevo cargamento de medicamentos y alimentos; Tamayo, el viejo, constantemente iba y venía trayendo noticias y carga, alimentos enlatados, vestuario. En un momento dado tuvimos que buscar una cueva para dejar algunos alimentos, debido a que por fin habían cristalizado los contactos con Santiago y David nos había traído un cargamento bastante serio que era imposible transportar, dadas las condiciones de marcha de nuestra tropa de convalecientes y bisoños reclutas.

El día 26 de junio debuté como odontólogo, aunque en la Sierra me daban el más modesto título de «sacamuelas»; mi primera víctima fue Israel Pardo, el hoy capitán del ejército, que salió bastante bien parado. La segunda, Joel Iglesias, a quien faltó solamente ponerle un cartucho de dinamita en el colmillo para sacárselo, pero que llegó al final de la guerra con él puesto, pues mis esfuerzos fueron infructuosos. Se sumaba a mi poca pericia la falta de «carpules», de tal manera que había que ahorrar mucho la anestesia y usaba bastante la «anestesia psicológica», llamando a la gente con epítetos duros cuando se quejaban demasiado por los trabajos en su boca.

Con solo el amago de marcha, algunos daban muestras de su poca decisión y se iban, pero otros nuevos los reemplazaban. Tamayo nos trajo un nuevo grupo de cuatro hombres; estaba entre ellos Félix Mendoza, que venía con un fusil y nos explicó cómo una tropa del ejército había sorprendido a él y a su compañero; mientras el otro había sido detenido, él se tiró por unos farallones y salió corriendo sin que el ejército le hiciera nada. Después nos enteramos que «el ejército» era una patrulla dirigida por Lalo Sardiñas, que se había encontrado con el compañero, y que éste estaba ya en la tropa de Fidel. También se incorporó Evelio Saborit, hoy comandante del Ejército Rebelde.

Con la incorporación de Félix Mendoza y su grupo alcanzamos a treinta y seis hombres, pero al día siguiente se iban tres, luego se incorporaban otros al grupo y teníamos

35. Sin embargo, al empezar la marcha volvía a bajar. Estábamos subiendo las cuestas de Peladero, en jornadas de muy corto alcance.

La radio nos informaba de un panorama de violencia en toda la Isla. El primero de julio escuchábamos la noticia de la muerte de Josué País, hermano de Frank, con otros compañeros más en medio de la batalla continua que se libraba en Santiago. A pesar de las cortas jornadas nuestras tropas se sentían abatidas y algunos de los nuevos incorporados pedían retirarse para «cumplir misiones más útiles en la ciudad» . Pasamos, en el descenso de la loma de la Botella, por la casa de Benito Mora, quien nos agasajó en su humilde vivienda, que está como colgada en los riscos de esta parte de la Sierra; un poco antes de llegar, convoqué a la pequeña tropa, diciéndole que se avecinaban momentos de mucho peligro, que había un ejército cerca, que probablemente debiéramos pasar días y días sin comer casi, caminando jornadas enteras y el que no se sintiera capaz, lo avisara; algunos tuvieron el pudor de manifestar sus temores e irse, pero hubo uno de nombre Chicho, que aseguró a nombre de un grupo que ellos seguirían hasta la muerte, con un acento de convicción y decisión extraordinarias. Cuál no sería nuestra sorpresa cuando, después de pasar la casa de Benito Mora y al acampar en un pequeño arroyo para pasar la noche, ese mismo grupo nos comunicaba su deseo de abandonar la guerrilla. Accedimos a ello y bautizamos jocosamente ese lugar como el «arroyo de la muerte», pues hasta allí había durado la tremenda determinación de Chicho y sus compañeros. Ese nombre le quedó al hilo de agua hasta nuestra salida de la Sierra.

Quedábamos veintiocho hombres, pero al salir al día siguiente, se incorporaban dos nuevos reclutas, ex militares, que venían a luchar por la libertad a la Sierra. Eran Gilberto Capote y Nicolás. Los traía Arístides Guerra, otro de los contactos de la región que luego fue un inestimable valor de nuestra columna y a quien llamábamos el «Rey del Condumio». El «Rey del Condumio» prestó, en todo momento de la guerra, servicios enormes y muchas veces más peligrosos que el de luchar contra el enemigo, trasladando tropas de mulos desde la zona de Bayamo hasta nuestra zona de operaciones.

Mientras íbamos caminando las cortas jornadas tratábamos de que los reclutas se fueran familiarizando con el tiro. Pusimos a los dos ex militares para que enseñaran algunas nociones de fusil, de arme y desarme y del tiro en seco, con tan mala suerte, que apenas empezadas las lecciones se le escapó un tiro a uno de los instructores; tuvimos que quitarlo de ese cargo y lo mirábamos con sospecha, aunque su cara de consternación era tal que hubiera sido necesaria una gran dosis de poder de simulación para no sentirla realmente. Los dos ex militares no pudieron aguantar la marcha y salieron de nuevo con Arístides, pero Gilberto Capote volvió con nosotros, muriendo heroicamente en Pino del Agua con el grado de teniente.

Dejamos el lugar donde estábamos acampados, la casa de Polo Torres, en la Mesa, que fuera después uno de nuestros centros de operaciones, y caminando, dirigidos ahora por un campesino llamado Tuto Almeida. Nuestra misión era alcanzar la Nevada y después llegar a donde estaba Fidel, cruzando por la vertiente norte del Turquino. Íbamos caminando en esa dirección, cuando vimos a lo lejos dos campesinos que, al acercarnos, trataron de huir y hubo que correr para detenerlos: resultaron ser dos muchachas negras de apellido Moya, adventistas de religión que, aún cuando estaban contra toda clase de violencia en razón de sus creencias, nos dieron su apoyo franco en aquel momento y durante todo el transcurso de la guerra.

Reparamos nuestras fuerzas y comimos allí magníficamente, pero al ir a pasar por Mar Verde (había que tomar Mar Verde para pasar a la Nevada), nos enteramos que había tropas del ejército en toda esa zona. Tras una corta deliberación de nuestro estadillo mayor y las guías, decidimos retroceder y cruzar directamente por el Turquino, camino más escabroso pero también menos peligroso en estas circunstancias.

En nuestro pequeño radio de transistores, captábamos noticias inquietantes; se decía que había grandes combates en la zona de Estrada Palma y que estaba Raúl muy mal herido. (Ahora, con el tiempo, no sé precisar si fue la radio nuestra o «radio bemba» la que dio tal noticia.) Nosotros no sabíamos si dar crédito o no a informaciones de cuya falsedad sabíamos por experiencias anteriores, pero tratábamos de apurar la marcha en la medida de nuestras posibilidades para llegar a donde estaba Fidel. Emprendimos camino de noche y pernoctamos en la casa de un solitario campesino llamado el Vizcaíno, por su origen, ya en las faldas del Turquino. El Vizcaíno vivía totalmente solo en un pequeño bohío y sus únicos amigos eran unos libros marxistas, cuidadosamente guardados en una cueva (en un pequeño agujero debajo de una piedra) lejos de su bohío. Manifestó con orgullo su militancia marxista, que muy poca gente en la zona conocía. El Vizcaíno nos mostró el camino para seguir y continuamos nuestra lenta marcha. Sinecio se iba separando de su centro de operaciones y para su alma simple de campesino un poco al margen de la ley, aquella situación se volvía angustiosa. Un buen día, en un alto en el camino, mientras estaba de guardia un recluta llamado Cuervo, al que se le había dado un fusil Remington por su buena disposición, Sinecio Torres se le unió a la posta con otro fusil; cuando me enteré de eso, aproximadamente después de media hora, fui a buscarlos, pues no tenía mucha confianza en Sinecio y los fusiles eran algo preciso en ese momento; pero ya ambos habían desertado. Banderas e Israel Pardo fueron tras sus huellas conscientes de que los prófugos estaban armados con armas largas y ellos apenas con revólveres; no se dio con los desertores en aquella oportunidad.

Era muy difícil mantener la moral de la tropa, sin armas, sin el contacto directo con el Jefe de la Revolución, caminando prácticamente a tientas, sin ninguna experiencia, rodeados de enemigos que se agigantaban en la mente y en los cuentos de los guajiros; la poca disposición de los nuevos incorporados que provenían de las zonas del llano y no estaban habituados a las mil dificultades de los caminos serranos, iba provocando crisis continuas en el espíritu de la guerrilla. Hubo un intento de fuga que estaba encabezado por un individuo llamado El Mexicano, que llegó a tener el grado de capitán y hoy está en Miami, como traidor a la Revolución.

Me enteré por la denuncia del compañero Hermes Leyva, primo de Joel Iglesias, y llamé a un careo para resolver este problema. El Mexicano juró por todos sus antepasados que aún cuando él había pensado en separarse, no lo hacía con el intento de desertar de la lucha sino para tener una guerrillita que asaltara y matara los chivatos, pues había muy poca acción en nuestras fuerzas; en realidad, lo que pensaba hacer era dedicarse a matar chivatos pero para quitarles el dinero; una típica acción bandidesca. En un combate posterior, en El Hombrito, Hermes fue la única baja que tuvimos y quedó la sospecha de que El Mexicano hubiera podido ser el autor material de ese hecho, ya que había sido denunciado por Hermes Leyva. Sin embargo, nunca pude llegar a una convicción total de este asunto.

El Mexicano continuó en la columna, dando su palabra de hombre y de revolucionario, etc., de que no se iría ni intentaría la fuga, ni incitaría a nadie a ello. Después de pesadas y cortas jornadas, llegamos a la zona de Palma Mocha, ya sobre la vertiente oeste del Turquino, en la zona de las Cuevas, donde nos recibieron muy bien los guajiros y establecimos un contacto directo desde mi nueva profesión de «sacamuelas», que ejercía con todo entusiasmo.

Comimos y reparamos fuerzas para seguir rápidamente hasta la zona de viejos conocidos de Palma Mocha y el Infierno, a donde llegamos el día 15 de junio. Allí nos informó Emilio Cabrera, un campesino del lugar, que Lalo Sardiñas estaba acampado en una emboscada cercana con su tropa y me dio las quejas porque ponía en peligro a su casa desde el lugar donde estaba, en caso de atacar una patrulla enemiga.

El día 16 de junio se efectuó el encuentro entre la pequeña columna nueva y un pelotón de la columna de Fidel dirigido por Lalo Sardiñas; nos contó éste cómo se había visto obligado a ingresar a la Revolución, ya que era un comerciante que se ocupaba de traernos víveres de las zonas llanas, pero fue sorprendido y debió matar a un individuo, por lo que tomó el camino de la guerrilla. Lalo había recibido instrucciones de esperar allí el avance de las columnas de Sánchez Mosquera. Nos enteramos que una vez más, el obstinado Sánchez Mosquera había penetrado por las regiones del río Palma Mocha y que casi fue cercado por la columna de Fidel, pero logró eludir el cerco pasando el Turquino a marchas forzadas y cayendo del otro lado de este macizo.

Nosotros habíamos tenido algunas noticias de las cercanías de tropas pues, unos días antes, al llegar a un bohío, vimos las trincheras que hasta el día anterior habían tenido los soldados, pero no sospechábamos que, lo que aparentemente era la prueba de una sostenida ofensiva contra nosotros en realidad eran las señales de una huida de la columna represora, lo que marcaba un cambio total de calidad en las operaciones en la Sierra. Ya teníamos la suficiente fuerza para cercar y obligar a huir, bajo amenaza de aniquilamiento, a las columnas del ejército enemigo.

Entendieron muy bien esta lección y no hacían sino incursiones esporádicas por la Sierra, pero uno de los más tenaces, agresivos y sanguinarios jefes del ejército enemigo fue Sánchez Mosquera, que ascendió desde simple teniente en el año 57 hasta coronel, grado con el que se le premió después de la derrota final en las batallas de la ofensiva general del ejército, en junio del año siguiente. Su carrera fue meteórica en cuanto a grados y fructífera en cuanto a recopilación de toda clase de enseres de los campesinos a los que robaba inmisericordemente cada vez que penetraba con sus tropas por los laberintos de la Sierra Maestra.

El cachorro asesinado

Para las difíciles condiciones de la Sierra Maestra, era un día de gloria. Por Agua Revés, uno de los valles más empinados e intrincados en la cuenca del Turquino, seguíamos pacientemente la tropa de Sánchez Mosquera; el empecinado asesino dejaba un rastro de ranchos quemados, de tristeza hosca por toda la región pero su camino lo llevaba necesariamente a subir por uno de los dos o tres puntos de la Sierra donde debía estar Camilo. Podía ser en el firme de la Nevada o en lo que nosotros llamábamos el firme «del cojo», ahora llamado «del muerto» .

Camilo había salido apresuradamente con unos doce hombres, parte de su vanguardia, y ese escaso número debía repartirse en tres lugares diferentes para detener una columna de ciento y pico de soldados. La misión mía era caer por las espaldas de Sánchez Mosquera y cercarlo. Nuestro afán fundamental era el cerco, por eso seguíamos con mucha paciencia y distancia las tribulaciones de los bohíos que ardían entre las llamas de la retaguardia enemiga; estábamos lejos, pero se oían los gritos de los guardias. No sabíamos cuántos de ellos habría en total.

Nuestra columna iba caminando dificultosamente por las laderas, mientras en lo hondo del estrecho valle avanzaba el enemigo.

Todo hubiera estado perfecto si no hubiera sido por la nueva mascota: era un pequeño perrito de caza, de pocas semanas de nacido. A pesar de las reiteradas veces en que Félix lo conminó a volver a nuestro centro de operaciones —una casa donde quedaban los cocineros—, el cachorro siguió detrás de la columna. En esa zona de la Sierra Maestra, cruzar por las laderas resulta sumamente dificultoso por la falta de senderos. Pasamos una difícil «pelúa», un lugar donde los viejos árboles de la «tumba» —árboles muertos— estaban tapados por la nueva vegetación que había crecido y el paso se hacía sumamente trabajoso; saltábamos entre troncos y matorrales tratando de no perder el contacto con nuestros huéspedes. La pequeña columna marchaba con el silencio de estos casos, sin que apenas una rama rota quebrara el murmullo habitual del monte; éste se turbó de pronto por los ladridos desconsolados y nerviosos del perrito. Se había quedado atrás y ladraba desesperadamente llamando a sus amos para que lo ayudaran en el difícil trance. Alguien pasó al animalito y otra vez seguimos; pero cuando estábamos descansando en lo hondo de un arroyo con un vigía atisbando los movimientos de la hueste enemiga, volvió el perro a lanzar sus histéricos aullidos; ya no se conformaba con llamar, tenía miedo de que lo dejaran y ladraba desesperadamente.

Recuerdo mi orden tajante: «Félix, ese perro no da un aullido más, tú te encargarás de hacerlo. Ahórcalo. No puede volver a ladrar.» Félix me miró con unos ojos que no decían nada. Entre toda la tropa extenuada, como haciendo el centro del círculo, estaban él y el perrito. Con toda lentitud sacó una soga, la ciñó al cuello del animalito y empezó a apretarlo. Los cariñosos movimientos de su cola se volvieron convulsos de pronto, para ir poco a poco extinguiéndose al compás de un quejido muy fijo que podía burlar el círculo atenazante de la garganta. No sé cuanto tiempo fue, pero a todos nos pareció muy largo el lapso pasado hasta el fin. El cachorro, tras un último movimiento nervioso, dejó de debatirse. Quedó allí, esmirriado, doblada su cabecita sobre las ramas del monte.

Seguimos la marcha sin comentar siquiera el incidente. La tropa de Sánchez Mosquera nos había tomado alguna delantera y poco después se oían unos tiros; rápidamente bajamos la ladera, buscando entre las dificultades del terreno el mejor camino para llegar a la retaguardia; sabíamos que Camilo había actuado. Nos demoró bastante llegar a la última casa antes de la subida; íbamos con muchas precauciones, imaginando a cada momento encontrar al enemigo. El tiroteo había sido nutrido pero no había durado mucho, todos estábamos en tensa expectativa. La última casa estaba abandonada también. Ni rastro de la soldadesca. Dos exploradores subieron el firme «del cojo», y al rato volvían con la noticia: «Arriba había una tumba. La abrimos y encontramos un casquito enterrado». Traían también los papeles de la víctima hallado en los bolsillos de su camisa. Había habido lucha y una muerte. El muerto era de ellos, pero no sabíamos nada más.

Volvimos desalentados, lentamente. Dos exploraciones mostraban un gran rastro de pasos, para ambos lados del firme de la Maestra, pero nada más. Se hizo lento el regreso, ya por el camino del valle.

Llegamos por la noche a una casa, también vacía; era en el caserío de Mar Verde, y allí pudimos descansar. Pronto cocinaron un puerco y algunas yucas y al rato estaba la comida. Alguien cantaba una tonada con una guitarra, pues las casas campesinas se abandonaban de pronto con todos sus enseres dentro.

No sé si sería sentimental la tonada, o si fue la noche, o el cansancio... Lo cierto es que Félix, que comía sentado en el suelo, dejó un hueso. Un perro de la casa vino mansamente y lo cogió. Félix le puso la mano en la cabeza, el perro lo miró, Félix lo miró a su vez y nos cruzamos algo así como una mirada culpable. Quedamos repentinamente en silencio. Entre nosotros hubo una conmoción imperceptible. Junto a todos, con su mirada mansa, picaresca con algo de reproche, aunque observándonos a través de otro perro, estaba el cachorro asesinado.

La ofensiva final. La batalla de Santa Clara

El 9 de abril fue un sonado fracaso que en ningún momento puso en peligro la estabilidad del régimen. No tan solo eso: después de esta fecha trágica, el gobierno pudo sacar tropas e ir poniéndolas gradualmente en Oriente y llevando a la Sierra Maestra la destrucción. Nuestra defensa tuvo que hacerse cada vez más dentro de la Sierra Maestra, y el gobierno seguía aumentando el número de regimientos que colocaba frente a posiciones nuestras, hasta llegar al número de diez mil hombres, con los que inicio la ofensiva el 25 de mayo, en el pueblo de Las Mercedes, que era nuestra posición avanzada.

Allí se demostró la poca efectividad combatiente del ejército batistiano y también nuestra escasez de recursos; 200 fusiles hábiles, para luchar contra 10. 000 armas de todo tipo; era una enorme desventaja. Nuestros muchachos se batieron valientemente durante dos días, en una proporción de 1 contra 10 o 15; luchando, además, contra morteros, tanques y aviación, hasta que el pequeño grupo debió abandonar el poblado. Era comandado por el capitán Ángel Verdecia, que un mes más tarde moriría valerosamente en combate.

Ya por esa época, Fidel Castro había recibido una carta del traidor Eulogio Cantillo, quien, fiel a su actitud politiquera de saltimbanqui, como jefe de operaciones del enemigo, le escribía al jefe rebelde diciéndole que la ofensiva se realizaría de todas maneras, pero que cuidara «El Hombre» (Fidel) para esperar el resultado final. La ofensiva, efectivamente, siguió su curso y en los dos meses y medio de duro batallar, el enemigo perdió más de mil hombres entre muertos, heridos, prisioneros y desertores. Dejó en nuestras manos seiscientas armas, entre lasque contaban un tanque, doce morteros, doce ametralladoras de trípode, veintitantos fusiles ametralladoras y un sinnúmero de armas automáticas; además, enorme cantidad de parque y equipo de toda clase, y 450 prisioneros, que fueron entregados a la Cruz Roja al finalizar la campaña.

El ejército batistiano salió con su espina dorsal rota, de esta postrera ofensiva sobre la Sierra Maestra, pero aún no estaba vencido. La lucha debía continuar. Se estableció entonces la estrategia final, atacando por tres puntos: Santiago de Cuba, sometido a un cerco elástico; Las Villas, a donde debía marchar yo; y Pinar del Río, en el otro extremo de la Isla, a donde debía marchar Camilo Cienfuegos, ahora comandante de la columna 2, llamada Antonio Maceo, para rememorar la histórica invasión del gran caudillo del 95, que cruzara en épicas jornadas todo el territorio de Cuba, hasta culminar en Mantua. Camilo Cienfuegos no pudo cumplir la segunda parte de su programa, pues los imperativos de la guerra le obligaron a permanecer en Las Villas.

Liquidados los regimientos que asaltaron la Sierra Maestra; vuelto el frente a su nivel natural y aumentadas nuestras tropas en efectivo y en moral, se decidió iniciar la marcha sobre Las Villas, provincia céntrica. En la orden militar dictada se me indicaba como principal labor estratégica, la de cortar sistemáticamente las comunicaciones entre ambos extremos de la Isla; se me ordenaba, además, establecer relaciones con todos los grupos políticos que hubiera en los macizos montañosos de esa región, y amplias facultades para gobernar militarmente la zona a mi cargo. Con esas instrucciones y pensando llegar en cuatro días, íbamos a iniciar la marcha, en camiones, el 30 de agosto de 1958, cuando un accidente fortuito interrumpió nuestros planes:

esa noche llegaba una camioneta portando uniformes y la gasolina necesaria para los vehículos que ya estaban preparados cuando también llegó por vía aérea un cargamento de armas a un aeropuerto cercano al camino. El avión fue localizado en el momento de aterrizar, a pesar de ser de noche, y el aeropuerto fue sistemáticamente bombardeado desde las veinte hasta las cinco de la mañana, hora en que quemamos el avión para evitar que cayera en poder del enemigo o siguiera el bombardeo diurno, con peores resultados. Las tropas enemigas avanzaron sobre el aeropuerto; interceptaron la camioneta con la gasolina, dejándonos a pie. Así fue como iniciamos la marcha el 31 de agosto, sin camiones ni caballos, esperando encontrarlos luego de cruzar la carretera de Manzanillo a Bayamo. Efectivamente, cruzándola encontramos los camiones, pero también —el día primero de septiembre— un feroz ciclón que inutilizó todas las vías de comunicación, salvo la carretera central, única pavimentada en esta región de Cuba, obligándonos a desechar el transporte en vehículos. Había que utilizar, desde ese momento, el caballo, o ir a pie. Andábamos cargados con bastante parque, una bazooka con cuarenta proyectiles y todo lo necesario para una larga jornada y el establecimiento rápido de un campamento.

Se fueron sucediendo días que ya se tornaban difíciles a pesar de estar en el territorio amigo de Oriente: cruzando ríos desbordados, canales y arroyuelos convertidos en ríos, luchando fatigosamente para impedir que se nos mojara el parque, las armas, los obuses; buscando caballos y dejando los caballos cansados detrás; huyendo a las zonas pobladas a medida que nos alejábamos de la provincia oriental.

Caminábamos por difíciles terrenos anegados, sufriendo el ataque de plagas de mosquitos que hacían insoportables las horas de descanso; comiendo poco y mal, bebiendo agua de ríos pantanosos o simplemente de pantanos. Nuestras jornadas empezaron a dilatarse y a hacerse verdaderamente horribles. Ya a la semana de haber salido del campamento, cruzando el río Jobabo, que limita las provincias de Camagüey y Oriente, las fuerzas estaban bastante debilitadas. Este río, como todos los anteriores y como los que pasaríamos después, estaba crecido. También se hacía sentir la falta de calzado en nuestra tropa, muchos de cuyos hombres iban descalzos y a pie por los fangales del sur de Camagüey.

La noche del 9 de septiembre, entrando en el lugar conocido por La Federal, nuestra vanguardia cayo en una emboscada enemiga, muriendo dos valiosos compañeros; pero el resultado más lamentable fue el ser localizados por las fuerzas enemigas, que de allí en adelante no nos dieron tregua. Tras un corto combate se redujo a la pequeña guarnición que allí había, llevándonos cuatro prisioneros. Ahora debíamos marchar con mucho cuidado, debido a que la aviación conocía nuestra ruta aproximada. Así llegamos, uno o dos días después, a un lugar conocido por Laguna Grande, junto a la fuerza de Camilo, mucho mejor montada que la nuestra. Esta zona es digna de recuerdo por la cantidad extraordinaria de mosquitos que había, imposibilitándonos en absoluto descansar sin mosquitero, y no todos lo teníamos.

Son días de fatigantes marchas por extensiones desoladas, en las que solo hay agua y fango, tenemos hambre, tenemos sed y apenas si se puede avanzar porque las piernas pesan como plomo y las armas pesan descomunalmente. Seguimos avanzando con mejores caballos que Camilo nos deja al tomar camiones, pero tenemos que abandonarlos en las inmediaciones del central Macareño. Los prácticos que debían enviarnos no llegaron y nos lanzamos sin más, a la aventura. Nuestra vanguardia choca con una posta enemiga en el lugar llamado Cuatro Compañeros, y empieza la agotadora batalla. Era al amanecer, y logramos reunir, con mucho trabajo, una gran parte de la tropa, en el mayor cayo de monte que había en la zona, pero el ejército avanzaba por los lados y tuvimos que pelear duramente para hacer factible el paso de algunos rezagados nuestros por una línea férrea, rumbo al monte. La aviación nos localizo entonces, iniciando un bombardeo los B-26, los C-47, los grandes C-3 de observación y las avionetas, sobre un área no mayor de doscientos metros de flanco. Después de todo, nos retiramos dejando un muerto por una bomba y llevando varios heridos, entre ellos al capitán Silva, que hizo todo el resto de la invasión con un hombro fracturado.

El panorama, al día siguiente, era menos desolador, pues aparecieron varios de los rezagados y logramos reunir a toda la tropa, menos 10 hombres que seguirían a incorporarse con la columna de Camilo y con éste llegarían hasta el frente norte de la provincia de Las Villas, en Yaguajay.

Nunca nos faltó, a pesar de las dificultades, el aliento campesino. Siempre encontrábamos alguno que nos sirviera de guía, de práctico, o que nos diera el alimento imprescindible para seguir. No era, naturalmente, el apoyo unánime de todo el pueblo que teníamos en Oriente; pero, siempre hubo quien nos ayudara. En oportunidades se nos delató, apenas cruzábamos una finca, pero eso no se debía a una acción directa del campesinado contra nosotros, sino a que las condiciones de vida de esta gente las convierte en esclavos del dueño de la finca y, temerosos de perder su sustento diario, comunicaban al amo nuestro paso por esa región y éste se encargaba de avisarle graciosamente a las autoridades militares.

Una tarde escuchábamos por nuestra radio de campaña un parte dado por el general Francisco Tabernilla Dolz, por esa época, con toda su prepotencia de matón, anunciando la destrucción de las hordas dirigidas por Che Guevara y dando una serie de datos de muertos, de heridos, de nombres de todas clases, que eran el producto del botín recogido en nuestras mochilas al sostener ese encuentro desastroso con el enemigo unos días antes, todo eso mezclado con datos falsos de la cosecha del Estado Mayor del ejército. La noticia de nuestra falsa muerte provocó en la tropa una reacción de alegría; sin embargo, el pesimismo iba ganándola poco a poco; el hambre y la sed, el cansancio, y la sensación de impotencia frente a las fuerzas enemigas que cada vez nos cercaban más y, sobre todo, la terrible enfermedad de los pies conocida por los campesinos con el nombre de mazamorra —que convertía en un martirio intolerable cada paso dado por nuestros soldados—, habían hecho de éste un ejército de sombras. Era difícil adelantar; muy difícil. Día a día empeoraban las condiciones físicas de nuestra tropa y las comidas, un día sí, otro no, otro tal vez, en nada contribuían a mejorar ese nivel de miseria, que estábamos soportando. Pasamos los días más duros cercados en las inmediaciones del central Baraguá, en pantanos pestilentes, sin una gota de agua potable, atacados continuamente por la aviación, sin un solo caballo que pudiera llevar por ciénagas inhóspitas a los mas débiles, con los zapatos totalmente destrozados por el agua fangosa de mar, con plantas que lastimaban los pies descalzos, nuestra situación era realmente desastrosa al salir trabajosamente del cerco de Baraguá y llegar a la famosa trocha de Júcaro a Morón, lugar de evocación histórica por haber sido escenario de cruentas luchas entre patriotas y españoles en la guerra de independencia. No teníamos tiempo de recuperarnos ni siquiera un poco cuando un nuevo aguacero, inclemencias del clima, además de los ataques del enemigo o las noticias de su presencia, volvían a imponernos la marcha. La tropa estaba cada vez más cansada y descorazonada. Sin embargo, cuando la situación era más tensa, cuando ya solamente al imperio del insulto, de ruegos, de exabruptos de todo tipo, podía hacer caminar a la gente exhausta, una sola visión en lontananza animó sus rostros e infundió nuevo espíritu a la guerrilla. Esa visión fue una mancha azul hacia el Occidente, la mancha azul del macizo montañoso de Las Villas, visto por vez primera por nuestros hombres.

Desde ese momento las mismas privaciones, o parecidas, fueron encontradas mucho más clementes, y todo se antojaba más fácil. Eludimos el último cerco, cruzando a nado el río Júcaro, que divide las provincias de Camagüey y Las Villas, y ya pareció que algo nuevo nos alumbraba.

Dos días después estábamos en el corazón de la cordillera Trinidad-Sancti Spíritus, a salvo, listos para iniciar la otra etapa de la guerra. El descanso fue de otros dos días, porque inmediatamente debimos proseguir nuestro camino y ponernos en disposición de impedir las elecciones que iban a efectuarse el 3 de noviembre. Habíamos llegado a la región de montañas de Las Villas el 16 de octubre. El tiempo era corto y la tarea enorme. Camilo cumplía su parte en el norte, sembrando el temor entre los hombres de la dictadura.

Nuestra tarea, al llegar por primera vez a la Sierra del Escambray, estaba precisamente definida: había que hostilizar al aparato militar de la dictadura, sobre todo en cuanto a sus comunicaciones. Y como objetivo inmediato, impedir la realización de las elecciones. Pero el trabajo se dificultaba por el escaso tiempo restante y por las desuniones entre los factores revolucionarios, que se habían traducido en reyertas intestinas que muy caro costaron, inclusive en vidas humanas.

Debíamos atacar a las poblaciones vecinas, para impedir la realización de los comicios, y se establecieron los planes para hacerlo simultáneamente en las ciudades de Cabaiguán, Fomento y Sancti Spíritus, en los ricos llanos del centro de la isla, mientras se sometía el pequeño cuartel de Güinia de Miranda —en las montañas— y, posteriormente, se atacaba el de Banao, con escasos resultados. Los días anteriores al 3 de noviembre, fecha de las elecciones, fueron de extraordinaria actividad: nuestras columnas se movilizaron en todas direcciones, impidiendo casi totalmente la afluencia a las urnas de los votantes de esas zonas. Las tropas de Camilo Cienfuegos, en la parte norte de la provincia, paralizaron la farsa electoral. En general, desde el transporte de los soldados de Batista hasta el tráfico de mercancía, quedaron detenidos.

En Oriente, prácticamente no hubo votación; en Camagüey, el porcentaje fue un poquito más elevado, y en la zona occidental, a pesar de todo, se notaba un retraimiento popular evidente. Este retraimiento se logró en Las Villas en forma espontánea, ya que no hubo tiempo de organizar sincronizadamente la resistencia pasiva de las masas y la actividad de las guerrillas.

Se sucedían en Oriente sucesivas batallas en los frentes primeros y segundo, aunque también en el tercero —con la columna Antonio Guiteras—, que presionaba insistente sobre Santiago de Cuba, la capital provincial. Salvo las cabeceras de los municipios, nada conservaba el gobierno en Oriente.

Muy grave se estaba haciendo, además, la situación en Las Villas, por la acentuación de los ataques a las vías de comunicación. Al llegar, cambiamos en total el sistema de lucha en las ciudades, puesto que a toda marcha trasladamos los mejores milicianos de las ciudades al campo de entrenamiento, para recibir instrucción de sabotaje que resultó efectivo en las áreas suburbanas.

Durante los meses de noviembre y diciembre de 1958 fuimos cerrando gradualmente las carreteras. El capitán Silva bloqueó totalmente la carretera de Trinidad a Sancti Spíritus y la carretera central de la Isla fue seriamente dañada cuando se interrumpió el puente sobre el río Tuinicú, sin llegarse a derrumbar; el ferrocarril central fue cortado en varios puntos, agregando que el circuito sur estaba interrumpido por el segundo frente y el circuito norte cerrado por las tropas de Camilo Cienfuegos, por lo que la Isla quedó dividida en dos partes. La zona mas convulsionada, Oriente, solamente recibía ayuda del gobierno por aire y mar, en una forma cada vez más precaria. Los síntomas de descomposición del enemigo aumentaban.

Hubo que hacer en el Escambray una intensísima labor en favor de la unidad revolucionaria, ya que existía un grupo dirigido por el comandante Gutiérrez Menoyo (Segundo Frente Nacional del Escambray), otro del directorio Revolucionario (capitaneado por los comandantes Faure Chomón y Rolando Cubela), otro pequeño de la Organización Autentica (OA), otro del Partido Socialista Popular (comandado por Torres), y nosotros; es decir, cinco organizaciones diferentes actuando con mandos también diferentes y en una misma provincia. Tras laboriosas conversaciones que hube de tener con sus respectivos jefes, se llegó a una serie de acuerdos entre las partes y se pudo ir a la integración de un frente aproximadamente común.

A partir del 16 de diciembre las roturas sistemáticas de los puentes y todo tipo de comunicación habían colocado a la dictadura en situación difícil para defender sus puestos avanzados y aun los mismos de la carretera central. En la madrugada de ese día fue roto el puente sobre el río Falcón, en la carretera central, y prácticamente interrumpidas las comunicaciones entre La Habana y las ciudades al este de Santa Clara, capital de Las Villas, así como una serie de poblados —el más meridional, Fomento— eran sitiados y atacados por nuestras fuerzas. El jefe de la plaza se defendió mas o menos eficazmente durante algunos días, pero a pesar del castigo de la aviación a nuestro Ejército Rebelde, las desmoralizadas tropas de la dictadura no avanzaban por tierra en apoyo de sus compañeros. Comprobando la inutilidad de toda resistencia, se rindieron, y más de cien fusiles fueron incorporados a las fuerzas de la libertad.

Sin darle tregua al enemigo, decidimos paralizar de inmediato la carretera central, y el día 21 de diciembre se atacó simultáneamente a Cabaiguán y Guayos, sobre la misma. En pocas horas se rendía este último poblado y dos días después, Cabaiguán con sus noventa soldados. (La rendición de los cuarteles se pactaba sobre la base política de dejar en libertad a la guarnición, condicionado a que saliera del territorio libre. De esa manera se daba la oportunidad de entregar las armas y salvarse.) En Cabaiguán se demostró de nuevo la ineficacia de la dictadura que en ningún momento reforzó con infantería a los sitiados.

Camilo Cienfuegos atacaba en la zona norte de Las Villas a una serie de poblados, a los que iba reduciendo, a la vez que establecía el cerco a Yaguajay, último reducto donde quedaban tropas de la tiranía, al mando de un capitán de ascendencia china, que resistió once días, impidiendo la movilización de las tropas revolucionarias de la región, mientras las nuestras seguían ya por la carretera central avanzando hacia Santa Clara, la capital.

Caído Cabaiguán, nos dedicamos a atacar a Placetas, rendido en un solo día de lucha, en colaboración activa con la gente del Directorio Revolucionario. Después de tomar Placetas, liberamos en rápida sucesión a Remedios y a Caibarién, en la costa norte, y puerto importante el segundo. El panorama se iba ensombreciendo para la dictadura, porque a las continuas victorias obtenidas en Oriente, el Segundo Frente del Escambray derrotaba pequeñas guarniciones y Camilo Cienfuegos controlaba el norte.

Al retirarse el enemigo de Camajuaní sin ofrecer resistencia, quedamos listos para el asalto definitivo a la capital de la provincia de Las Villas. (Santa Clara es el eje del llano central de la isla, con 150.000 habitantes, centro ferroviario y de todas las comunicaciones del país.) Está rodeada por pequeños cerros pelados, los que estaban tomados previamente por las tropas de la dictadura.

En el momento del ataque, nuestras fuerzas habían aumentado considerablemente su fusilería, en la toma de distintos puntos y en algunas armas pesadas que carecían de municiones. Teníamos una bazooka sin proyectiles y debíamos luchar contra una decena de tanques, pero también sabíamos que, para hacerlo con efectividad, necesitábamos llegar a los barrios poblados de la ciudad, donde el tanque disminuye en mucho su eficacia.

Mientras las tropas del Directorio Revolucionario se encargaban de tomar el cuartel numero 31 de la Guardia Rural, nosotros nos dedicábamos a sitiar casi todos los puestos fuertes de Santa Clara; aunque, fundamentalmente, establecíamos nuestra lucha contra los defensores del tren blindado situado a la entrada del camino de Camajuaní, posiciones defendidas con tenacidad por el ejército, con un equipo excelente para nuestras posibilidades.

El 29 de diciembre iniciamos la lucha. La Universidad había servido, en un primer momento, de base de operaciones. Después establecimos comandancia más cerca del centro de la ciudad. Nuestros hombres se batían contra tropas apoyadas por unidades blindadas y las ponían en fuga, pero muchos de ellos pagaron con la vida su arrojo y los muertos y heridos empezaron a llenar los improvisados cementerios y hospitales.

Recuerdo un episodio que era demostrativo del espíritu de nuestra fuerza en esos días finales. Yo había amonestado a un soldado, por estar durmiendo en pleno combate y me contestó que lo habían desarmado por habérsele escapado un tiro. Le respondí con mi sequedad habitual: «Gánate otro fusil yendo desarmado a la primera línea... si eres capaz de hacerlo.» En Santa Clara, alentando a los heridos en el Hospital de Sangre, un moribundo me tocó la mano y dijo: «¿Recuerda, comandante? Me mandó a buscar el arma en Remedios... y me la gané aquí.» Era el combatiente del tiro escapado, quien minutos después moría, y me lució contento de haber demostrado su valor. Así es nuestro Ejército Rebelde.

Las lomas del Cápiro seguían firmes y allí estuvimos luchando durante todo el día 30, tomando gradualmente al mismo tiempo distintos puntos de la ciudad. Ya en ese momento se habían cortado las comunicaciones entre el centro de Santa Clara y el tren blindado. Sus ocupantes, viéndose rodeados en las lomas del Cápiro trataron de fugarse por la vía férrea y con todo su magnífico cargamento cayeron en el ramal destruido previamente por nosotros, descarrilándose la locomotora y algunos vagones. Se estableció entonces una lucha muy interesante en donde los hombres eran sacados con cócteles Molotov del tren blindado, magníficamente protegidos aunque dispuestos solo a luchar a distancia, desde cómodas posiciones y contra un enemigo prácticamente inerme, al estilo de los colonizadores con los indios del Oeste norteamericano. Acosados por hombres que, desde puntos cercanos y vagones inmediatos lanzaban botellas de gasolina encendida, el tren se convertía —gracias a las chapas del blindaje— en un verdadero horno para los soldados. En pocas horas se rendía la dotación completa, con sus 22 vagones, sus cañones antiaéreos, sus ametralladoras del mismo tipo, sus fabulosas cantidades de municiones (fabulosas para lo exiguo de nuestras dotaciones, claro está).

Se había logrado tomar la central eléctrica y toda la parte noroeste de la ciudad, dando al aire el anuncio de que Santa Clara estaba casi en poder de la Revolución. En aquel anuncio que di como Comandante en Jefe de las Fuerzas Armadas de Las Villas, recuerdo que tenía el dolor de comunicar al pueblo de Cuba la muerte del capitán Roberto Rodríguez El Vaquerito, pequeño de estatura y de edad, jefe del «Pelotón Suicida», quien jugó con la muerte una y mil veces en lucha por la libertad. El «Pelotón Suicida» era un ejemplo de moral revolucionaria, y a ese solamente iban voluntarios escogidos. Sin embargo, cada vez que un hombre moría —yeso ocurría en cada combate— al hacerse la designación del nuevo aspirante, los desechados realizaban escenas de dolor que llegaban hasta el llanto. Era curioso ver a los curtidos y nobles guerreros, mostrando su juventud en el despecho de unas lágrimas, por no tener el honor de estar en el primer lugar de combate y de muerte.

Después caía la estación de Policía, entregando los tanques que la defendían y, en rápida sucesión se rendían al comandante Cubela el cuartel numero 31, a nuestras fuerzas, la cárcel, la audiencia, el palacio del Gobierno Provincial, el

Gran Hotel, donde los francotiradores se mantuvieron disparando desde el décimo piso casi hasta el final de la lucha.

En ese momento solo quedaba por rendirse el cuartel Leoncio Vidal, la mayor fortaleza del centro de la Isla. Pero ya el día primero de enero de 1959 había síntomas de debilidad creciente entre las fuerzas defensoras. En la mañana de ese día mandamos a los capitanes Núñez Jiménez y Rodríguez de la Vega a pactar la rendición del cuartel. Las noticias eran contradictorias: Batista había huido ese día, desmoronándose la Jefatura de las Fuerzas Armadas. Nuestros dos delegados establecían contacto por radio con Cantillo, haciéndole conocer la oferta de rendición, pero éste estimaba que no era posible aceptarla porque constituía un ultimátum y que él había ocupado la Jefatura del Ejército siguiendo instrucciones precisas del líder Fidel Castro. Hicimos inmediato contacto con Fidel, anunciándole las nuevas, pero dándole la opinión nuestra sobre la actitud traidora de Cantillo, opinión que coincidía absolutamente con la suya. (Cantillo permitió en esos momentos decisivos que se fugaran todos los grandes responsables del gobierno de Batista, y su actitud era más triste si se considera que fue un oficial que hizo contacto con nosotros y en quien confiamos como un militar con pundonor.)

Los resultados siguientes son por todos conocidos: la negativa de Castro a reconocerle; su orden de marchar sobre la ciudad de La Habana; la posesión por el coronel Barquín de la Jefatura del Ejército, luego de salir de la prisión de Isla de Pinos; la toma de la Ciudad Militar de Columbia por Camilo Cienfuegos y de la Fortaleza de la Cabaña por nuestra columna 8, y la instauración final, en cortos días, de Fidel Castro como Primer Ministro del Gobierno Provisional. Todo esto pertenece a la historia política actual del país.

Ahora estamos colocados en una posición en la que somos mucho más de simples factores de una nación; constituimos en este momento la esperanza de la América irredenta. Todos los ojos —los de los grandes opresores y los de los esperanzados— están fijos en nosotros. De nuestra actitud futura que presentemos, de nuestra capacidad para resolver los múltiples problemas, depende en gran medida el desarrollo de los movimientos populares en América, y cada paso que damos está vigilado por los ojos omnipresentes del gran acreedor y por los ojos optimistas de nuestros hermanos de América.

Con los pies firmemente asentados en la tierra, empezamos a trabajar y a producir nuestras primeras obras revolucionarias, enfrentándonos con las primeras dificultades. Pero ¿cuál es el problema fundamental de Cuba, sino el mismo de toda América, el mismo incluso del enorme Brasil, con sus millones de kilómetros cuadrados, con su país de maravilla que es todo un Continente? La monoproducción. En Cuba somos esclavos de la caña de azúcar, cordón umbilical que nos ata al gran mercado norteño. Tenemos que diversificar nuestra producción agrícola, estimular la industria y garantizar que nuestros productos agrícolas y mineros y —en un futuro inmediato— nuestra producción industrial, vaya a los mercados que nos convengan por intermedio de nuestra propia línea de transporte.

La primera gran batalla del gobierno se dará con la Reforma Agraria, que será audaz, integral, pero flexible: destruirá el latifundio en Cuba, aunque no los medios de producción cubanos. Será una batalla que absorba en buena parte la fuerza del pueblo y del gobierno durante los años venideros. La tierra se dará al campesino gratuitamente. Y se pagará a quien demuestre haberla poseído honradamente, con bonos de rescate a largo plazo; pero también se dará ayuda técnica al campesino, se garantizarán los mercados para los productos del suelo y se canalizará la producción con un amplio sentido nacional de aprovechamiento en conjunción con la gran batalla de la Reforma Agraria, que permita a las incipientes industrias cubanas, en breve tiempo, competir con las monstruosas de los países en donde el capitalismo ha alcanzado su más alto grado de desarrollo.

Simultáneamente con la creación del nuevo mercado interno que logrará la Reforma Agraria, y la distribución de productos nuevos que satisfagan a un mercado naciente, surgirá la necesidad de exportar algunos productos y hará falta el instrumento adecuado para llevarlos a uno y a otro punto del mundo. Dicho instrumento será una flota mercante, que la Ley de Fomento Marítimo ya aprobada, prevé. Con esas armas elementales, los cubanos iniciaremos la lucha por la liberación total del territorio. Todos sabemos que no será fácil, pero todos estamos conscientes de la enorme responsabilidad histórica del Movimiento 26 de Julio, de la Revolución cubana, de la Nación en general, para constituir un ejemplo para todos los pueblos de América, a los que no debemos defraudar.

Pueden tener seguridad nuestros amigos del Continente insumiso que, si es necesario, lucharemos hasta la última consecuencia económica de nuestros actos y si se lleva más lejos aún la pelea, lucharemos hasta la última gota de nuestra sangre rebelde, para hacer de esta tierra una república soberana, con los verdaderos atributos de una nación feliz, democrática y fraternal de sus hermanos de América.

Libros a la carta

A la carta es un servicio especializado para
empresas,
librerías,
bibliotecas,
editoriales
y centros de enseñanza;
y permite confeccionar libros que, por su formato y concepción, sirven a los propósitos más específicos de estas instituciones.

Las empresas nos encargan ediciones personalizadas para marketing editorial o para regalos institucionales. Y los interesados solicitan, a título personal, ediciones antiguas, o no disponibles en el mercado; y las acompañan con notas y comentarios críticos.

Las ediciones tienen como apoyo un libro de estilo con todo tipo de referencias sobre los criterios de tratamiento tipográfico aplicados a nuestros libros que puede ser consultado en Linkgua-ediciones.com.

Linkgua edita por encargo diferentes versiones de una misma obra con distintos tratamientos ortotipográficos (actualizaciones de carácter divulgativo de un clásico, o versiones estrictamente fieles a la edición original de referencia).

Este servicio de ediciones a la carta le permitirá, si usted se dedica a la enseñanza, tener una forma de hacer pública su interpretación de un texto y, sobre una versión digitalizada «base», usted podrá introducir interpretaciones del texto fuente. Es un tópico que los profesores denuncien en clase los desmanes de una edición, o vayan comentando errores de interpretación de un texto y esta es una solución útil a esa necesidad del mundo académico.

Asimismo publicamos de manera sistemática, en un mismo catálogo, tesis doctorales y actas de congresos académicos, que son distribuidas a través de nuestra Web.

El servicio de «libros a la carta» funciona de dos formas.

1. Tenemos un fondo de libros digitalizados que usted puede personalizar en tiradas de al menos cinco ejemplares. Estas personalizaciones pueden ser de todo tipo: añadir notas de clase para uso de un grupo de estudiantes, introducir logos corporativos para uso con fines de marketing empresarial, etc. etc.

2. Buscamos libros descatalogados de otras editoriales y los reeditamos en tiradas cortas a petición de un cliente.

www.ingramcontent.com/pod-product-compliance
Lightning Source LLC
Chambersburg PA
CBHW021055130626
46552CB00005B/2116